集英社文庫

夫というもの

渡辺淳一

集英社版

夫は雲である

空に浮かぶ雲のように
いつもふわふわとして　頼りない　（若年）
空を流れる雲のように
たえず形を変えて　定まらない　（中年）
空をおおう雲のように
日がな家をおおって　くすんでいる　（老年）

渡辺淳一

目次

この作品は二〇〇四年三月、集英社より刊行されました。

夫というもの

第1章　男が夫になるとき

夫というのは、いうまでもなく、結婚して配偶者になった男性のことです。

これをどうして、夫と呼ぶようになったのか。

もともと、夫という言葉は古語にはなく、昔は夫も妻も、ともに「つま」という言葉で呼ばれていました。

古事記にある、「汝《な》を除《き》て夫《つま》は無し」などというのは、その例です。

もっともこのころは、夫婦の関係がいまのように婚姻届を出すとか、戸籍に入るというように、はっきり法的に決まったものではありませんでした。

しかし、奈良から平安時代に入るとともに、一夫一婦による結婚という形態が、一般化してきました。

ところで、夫という字は、いうまでもなく象形文字で、「大」が「おとな」の意味を表すのに、この上に成人の冠のかんざしを示す「一」を加えて、一人前の男を表す文字として、「夫」という字ができあがった、といわれています。

これを「おっと」と発音するのは、「男の人」から「男人《おっと》」へ転じて、夫になったと考えられます。

このことからもわかるように、「夫」は一人前の男の意味で、そこから公共労務の割り当て、さらには一人の男が受ける田地などの意味が加わって、「夫役《ぶやく》」とか「役夫《えきふ》」「漁夫」「農夫」「樵夫《しょうふ》」「坑夫」などの言葉が生まれてきたのです。

こうみてくると、夫というのは、単に一人の女性と結婚した男性、という意味だけではなく、成人した男性で、生活に必要な糧《かて》を稼ぐ男、という意味が含まれていることが、わかってきます。

統計から見た男たち

歴史的な経緯はこれぐらいにして、現在、夫と呼ばれる男性はどれくらいいるものなのか。

国勢調査（二〇〇〇年）によると、日本の総人口一億二六九一万人のうち、結婚している男女は約六四八八万人。むろん一夫一婦制ですから、その約半分、三二四四万人が、いわゆる夫と呼ばれる男たちだということがわかってきます。

これを年代別に見ると、二十代が一七七万人、三十代が五二七万人、四十代が六五一万人、五十代が七九六万人、六十代が六二一万人、七十代以上が四七三万人となります。

当然のことながら、これら夫たちは、世代によって、社会的な立場はもちろん、家庭的な立場も大きく異なってきます。

また子供がいるかいないか、妻が仕事をもっているか否か、収入が多いか少ないか、などによって、さらに状況は変わってきます。

それら個々の事情については、これから徐々に触れることにして、この夫という種族というか立場に、年間どれくらいの男性が参入してくるのでしょうか。

一九七二年をピークに婚姻件数の山があり、この年には実に一一〇万人近い男性が、いわゆる夫となっています。

この数は、人口千人当たり一〇人を超え、千人につき一〇・四人が、新たに夫になったわけで、むろん同じ数だけ、新たに妻となった人もいた、というわけです。

しかし、この婚姻数はそれ以降、徐々に減ってきて、一九八七年には六九万件となり、婚姻率も最低になっています。

その後、やや回復の兆しはありますが、ごくわずかで、二〇〇〇年にはほぼ八〇万組、約八〇万人の男性が夫となっています。

この数は今後、少子化や晩婚化などによって、減ることはあっても、増えることはないと思われます。

さらに結婚時の年齢は、13ページの表のとおりで、一九七五年には、夫二七・〇歳、妻二四・七歳であったのが、二〇〇四年には、夫二九・六歳に対して、妻二七・八歳、ともに年齢が上がっています。

とくにここで注目されるのは、妻の初婚年齢で、一九七五年と比べると、三・一歳上昇していることです。

さらにこれを地域別に見ますと、二〇〇〇年一番結婚年齢が高いのが東京で、夫が三二・一五歳で妻が三〇・〇八歳となっています。

この初婚年齢は、大都会に比べて、地方のほうが二歳前後低くなっているのが特徴です。

こうして現在では、二十八歳から三十歳を中心に、年間八〇万人近い男性が、新たに、夫という立場になっている、というわけです。

平均初婚年齢の推移

年次	夫の年齢	妻の年齢	年齢差
1955	26.6	23.8	2.8
1960	27.2	24.4	2.8
1965	27.2	24.5	2.7
1970	26.9	24.2	2.7
1975	27.0	24.7	2.3
1980	27.8	25.2	2.6
1985	28.2	25.5	2.7
1990	28.4	25.9	2.5
1995	28.5	26.3	2.2
1996	28.5	26.4	2.1
1997	28.5	26.6	1.9
1998	28.6	26.7	1.9
1999	28.7	26.8	1.9
2000	28.8	27.0	1.8
2001	29.0	27.2	1.8
2002	29.1	27.4	1.7
2003	29.4	27.6	1.8
2004	29.6	27.8	1.8

厚生労働省統計情報部「人口動態統計」による。1970年以前は沖縄県を含まない。1955～65年は結婚式を挙げたときの年齢、1970年以降は結婚式を挙げたとき、または同居を始めたときの早い方の年齢。（2005年8月、内閣府「国民生活白書」）

結婚への夢

では、これらの男性たちは、結婚するに当たって、どういう期待や夢を抱いているのでしょうか。この点については、人によって千差万別で、それについて調べた具体的なデータは見当たりません。

したがって、ここから先は、わたしが見て聞いた、現代の夫たちの正直な意見の集約、ということになりますが、この点については、女性より男性のほうが、思考過程が均一化しているので、まとめやすいかと思われます。

そこでまず、なぜ結婚するのか、ということですが、ここでもっとも多いのが、「そろそろ年齢《とし》だから」という、漠然とした思いです。

むろんそれ以外に、好きな女性ができたから、早く結婚して両親を安心させたいので、結婚して落ち着きたいから、さらには子供が欲しいので、結婚したほうが社会的に認められて安定するからなど、さまざまな理由が考えられます。

しかし、なんといっても多いのは、「そろそろ年齢だから」という、焦りとまではいかないが、なにか急《せ》かされるような気持ちで、これがもっとも大きな理由、といえそうです。

この裏には、男は三十歳くらいまでには、結婚して家庭をもつべきだ、という漠然とした一般的通念というか常識があり、その影響を強く受けている、と考えていいでしょう。

要するに、「あいつもしたから、俺もする」という付和雷同型で、社会的な横並びの思考、といってもいいかもしれません。

そしてこのことはまた、そうした社会的通念が失《う》せるにしたがって、結婚しない男が増えることを意味していて、今後ゆっくりながら、結婚しない男が増えることは間違いありません。

そこで、この種の社会通念に同調して結婚する場合、男たちはまずなにを夢見ているのか。

これも人によってさまざまですが、多くの場合、まず抱くのは、幸せな家庭を築こうという、真っ当な決意です。

このあたり、男という性は女性が思っている以上に真面目《まじめ》で保守的で、健気《けなげ》でもあるのです。

しかし例外はどこにでもあるもので、ときに、それほどの決意を抱かない男も、いないわけではありません。

こういうと、いい加減すぎると、女性たちに叱《しか》られるかもしれませんが、そういう意味ではなく、それほどこと改めて幸せな家庭を築こうなどと胸を張って思わないタイプの男たちです。

もう少し具体的にいうと、凄《すご》く幸せでなくとも、ほどほどの家庭ならそれでよしと、初めからやや冷めているというか高望みしないタイプ。

結婚する男の三分の一はこの種のタイプで、そういう男は嫌だ、という女性は、結婚前に、相手をよく見極めておくことです。

もっとも、ほどほどでいいと思っている男との結婚が、必ずしもうまくいかず、壊れ易いというわけではありません。なぜなら結婚へ大きな夢を抱き、期待が強いほど、結婚が長続きする、という単純なものではないからです。

次に、いい家庭の条件として、まず妻が優しく自分を愛し、いたわってくれるべきだ、と思いこんでいる男たち。

これは、夫となる男のほとんどが希望していることですが、これが正しかったか甘かったかは、いずれ、結婚してからわかってくることです。

この点について面白い統計があって、結婚するに当たって、夫の七割は、できたら妻は家にいて、専業主婦であることを願っているのに、それを希望している妻は五割しかいない。とくに大都会では、さらに一割見当、減るようです。

このあたりに、早くも、夫と妻の結婚したあとの姿についての、食い違いが垣間《かいま》見えているようです。

さらにいい家庭の条件として、子供をつくることがあげられます。

これは、初婚年齢の高い男性に多いようですが、年齢が若くなるにつれて、それほど子供を欲しいとは思っていないようで、この傾向は多分、妻の場合も同様と思われます。

そしていまひとつ、結婚する男性が共通に考えていることは、これで常時、安定してセックスをできる相手を獲得できた、という満足感です。

そんなことといわれても、わたしはセックスする人形じゃないのよ、という妻側からの反論もきこえてきそうですが、男というものは、女性が考えている以上に性的な生きものなのです。

したがって、男たちは結婚という形態の裏には、セックスができる、という保証がついている、と思いこみがちです。自分が外に出て働き、お金を得てくるのは、妻と自由にセックスするための代償、と考えている男も多いのです。

むろん、現実は、結婚してから急速に、妻に性的好奇心を失う夫は多いのですが、それでも、妻というものは、夫が欲すれば、いつでも許して受け入れるべきだ、と思いこんでいるものです。

結婚への憂鬱

これら、結婚に対する夢や期待とともに、夫になる男たちが共通に抱くマイナス的思考は、もう若さを誇ってきた青春時代は終わったという、ある種の諦《あきら》めというか、淋《さび》しさです。

このことはまた、なにごとも意のままにできて自由だった独身時代への哀惜《あいせき》、といってもいいかもしれません。

もう、これからは、いままでのように勝手気儘《きまま》に遊ぶわけにはいかない。少し大袈裟《おおげさ》だが、一家の長として、妻や子を支えていかなければならない。こう考えれば考えるほど、結婚の前途へ暗く重いものを感じてしまう。

しかしだからといって、このような思いにとらわれること自体、必ずしもマイナスとはいいきれません。

なぜなら、「もう、これからは、いままでのように、勝手なことはできない」と思うことは、結婚して夫という立場になることを、真剣、かつ現実的に考えている証《あか》しであり、それはとりもなおさず、よき夫であろうとする、決意の表明でもあるからです。

こういう未来を冷静に見詰めるタイプに比べたら、結婚しても青春は続き、楽しくて自由なはずだ、と思いこんでいる楽観派のほうがはるかに頼り無く、信用のおけない夫になりやすい、ともいえます。

したがって、自由奔放で気儘だった青春時代は終わった、と思っている夫予備軍は、もっとも堅実で、信頼できる夫になりうる可能性をもっている、といってもいいでしょう。

しかし、この青春時代は終わる、という実感というか焦りが、ときに異様と思える行動をとらせることも、ないわけではありません。

たとえば、結婚したらもう女遊びはできなくなるとばかり、婚約の成立とともに、やたらと遊びだす男たち。

要するに、遊ぶのはいまのうちだと風俗へ行ったり、これまで親しかったさまざまな女性へ声をかけてまわる。一般の女性が、それに簡単にのるとは思えませんが、親しかった女性に、結婚することへの不安や危惧《きぐ》を訴えることも、よくあることです。

さらに、合コンとか飲み会などに出る度に、これが最後だと自分にいいきかせながら、酔いつぶれてしまう。

こういう夫予備軍を見て、男たちはいささか呆《あき》れ、うんざりしながら、しかし批判はしないものです。なぜなら、自分もそれと同じ道を歩むか、歩んできた経験があるからです。

そしてときに、結婚を間近に控えた男たちは、婚約者のことを思い出しながら、ふと、考えます。

「本当に彼女でよかったのか、この選択は間違っていなかったのだろうか……」と。

男は一見、毅然《きぜん》としているようで曖昧《あいまい》な、頑固なようで脆《もろ》い、確かなようで常に揺れている生きものです。

それこそ本書の装幀《そうてい》に描かれている雲のように、ふわふわとしてとらえがたいのですが、こういうはっきりしない性格の男が、意外に外見に似ず、スポーツマンでマッチョな男に多いものです。

いずれにせよ、男たちは一旦《いったん》、「この人でいい」と心で決めながら、その実、結婚すること、そして夫になることへ、なお一抹の不安と疑問を持ち続けています。

いいかえると、どんな素敵な女性と結婚するときでも、男の多くは結婚して夫になることに、ある種の気の重さと負担を感じているものです。

しかし、それは男の不誠実さというより、むしろ誠実さの証しとみるべきで、その二律背反的な心情が、男そのものを表している、といってもいいでしょう。

第2章　妻とのセックス・蜜月時代

蜜月時代

結婚した当初、いわゆる新婚時代は、夫婦ともに愛し合い、蜜のように甘いときであるところから、蜜月《みつげつ》時代ともいわれます。

この期間がどれくらい続くものか、夫婦によってそれぞれ違うでしょうが、一般的には一年から三年くらい、平均すると二年程度、と考えるのが妥当かもしれません。

この間は、ともに二人で家庭をもてた喜びと、これからは誰はばかることなく、常に一緒にいられるという安心感から、夫と妻がもっとも深く、かつ頻繁に愛し合う期間、といってもいいかもしれません。

この蜜月時代に、夫がもっともストレートに実感する喜びは、自分が求めたら、いつでも妻と性的関係をもてる、という満足感です。

前章でも触れましたが、男はきわめて性的な生きもので、セックスは男にとって最大の関心事でもあるのです。とくに新婚時代、男の頭のなかのかなりの部分は、セックスのことで占められています。

むろん、夫の性的欲求を受け入れるためにだけ結婚したわけではないし、夫が求めてきたからといって、いつも許すとは限らないわ、と反発する妻も多いかと思われます。

そのあたりのことは、夫となった男たちもある程度わかっているのですが、ともかく同じ家に、他人になんの気兼ねもせず、堂々と性的関係をもてる女性が常にいる、ということは、男にとってやはり大きな喜びなのです。

でも、妻と恋人との違いは、妻となら、両者がその気になれば、即座に結ばれることができますが、恋人とでは、まず連絡しあって逢《あ》う場所を決め、夕食などをともにし、それからホテルなり、いずれかの部屋に移って、ようやく結ばれるというのが、一般的な過程です。

このように恋人とでは、セックスにたどりつくまで、さまざまな気づかいや出費、時間のロスなどがあります。

そんなこと、愛しているなら当然でしょう、とここでも女性にいわれるかもしれませんが、男がデートしながら最後に狙《ねら》っているのは性的関係そのものです。もちろん、男たちは、そうした気配を極力、表に出さないように気をつけますが、そうした煩雑《はんざつ》なもののなしに結ばれることができるなら、それにこしたことはないのです。

くわえて、男は一旦、「欲しい」と思ったら我慢がきかず、なにがなんでも欲しくなるものです。しかしそれがかなえられず、もはや駄目だと知って諦めた途端、さしもの欲望も憑《つ》きものが落ちるように失せてしまいます。

このような、男独特の生理を考えると、結婚という形態が、男の性欲にとって、いかに適した装置であるか、ということがわかってきます。もちろんこの場合、夫が求めたときに妻が許す、という条件が満たされてのことですが。

こうして蜜月時代の夫、平均すると三十歳前後と思われますが、彼等は妻にどの程度の性的欲求を抱くものなのか。

このあたりも、個人差があって、はっきり示すのは難しいのですが、とくに欲求の強い夫は毎日でも、さほどでもない夫は月に一回ぐらいか、これを平均でいうと、月に二、三回、というところかもしれません。

もっともこれは単に夫の欲求の強さだけでなく、新婦への性的好奇心の強弱によっても変わってきます。

たとえば、二人の婚約時代が長く、その間、充分、性的関係を満喫しているような場合は、結婚したからといって、そう貪《むさぼ》るように求めることはなくなるかもしれません。

逆に、婚約時代が短いか、性的関係があまりなかったケースでは、新妻とのセックスが珍しく、それに急速に溺《おぼ》れていくことも多いでしょう。さらには夫と妻との、性的相性ということも影響すると思われます。

いずれにせよ、この妻への、〝珍しい〟という感覚は、男の性的欲求を高めるうえで、きわめて重要な要素で、新妻が、初めは怯《おび》えながら、徐々に性的に開花して、淫《みだ》らになっていく。その一連の過程を、夫が実感しながら燃えていくとき、二人の関係はもっとも密接、かつ濃厚で、回数も圧倒的に多くなると思われます。

しかし現在では、こうした夫婦の関係が、夫の希望どおり、必ずしも順調にすすまない例も多いようです。

その最大の理由は夫婦共働きで、妻が仕事をもっている場合には、そうそう夫の求めに応じられない場合も増えてくるでしょう。

男の性は単純で、欲望のままその場で接して、排泄《はいせつ》すればそれで済むのですが、女性はまず心情的にセックスに没入できる状態になることが必要で、そのためには仕事のストレスや疲れが溜まっていては難しいでしょう。そしてこういう場合、当然のことながら、妻のほうから「今日はやめて」と拒否することになります。

しかし、前にも記したように、男の性は欲しいとなったら我慢のきかない、あるいは、ききにくい性です。こういうところから、何度か拒絶されているうちに、夫婦のあいだ

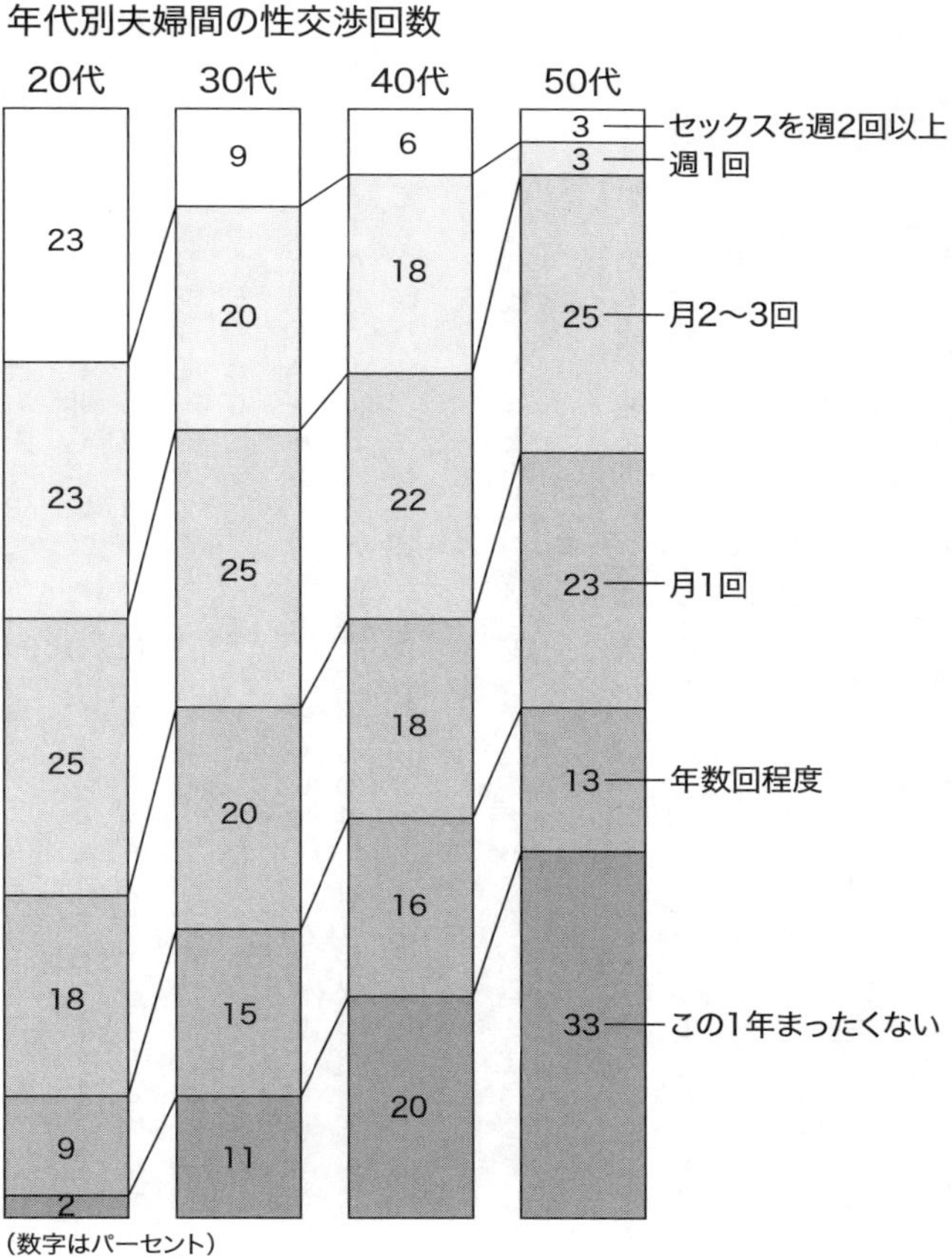

「夫婦の性　1000人に聞く」（2001年、朝日新聞社調査）による。

で齟齬《そご》が生じてこないとも限りません。

たとえば、何度か妻に拒否されているうちに、夫は、せっかく結婚したのに、これでは意味がない、と思うようになり、妻のほうは、わたしのことを少しも考えてくれない身勝手な人だと反発する。そしてこれがさらに高じると、夫のほうから、そんなに疲れるのなら、仕事などやめてしまえ、といいだすことになる。

現在、都会では共働き夫婦がかなり多く、それによって収入も増えているはずですが、それでもかなりの夫たちが専業主婦を望んでいるのは、自分が帰ったとき、常に妻がいてかしずいてもらいたい、という甘えとともに、セックスを求めたとき、いつでも応じてくれる妻であって欲しい、という欲望も潜んでいるのです。

とにかく蜜月時代、夫は妻をもっとも愛していますが、その裏には、愛する妻は自分の所有物であって欲しい、という願いが潜んでいます。

そしてそれをもっとも具体的に実感できるのは、セックスを求めたときに、素直に応じてくれるという事実です。逆にそれが困難な場合、夫は妻を所有した実感をもてず、結婚したことに疑問をもちはじめます。

いずれにせよ、蜜月時代は夫婦ともに愛情深く、性的にもさほど問題はおきないもので、多くの夫は、仕事が終わったら直《ただ》ちに家へ帰りたいと思い、誰に気兼ねすることもない安定した状態で、妻と戯《たわむ》れたいと思っています。

これこそ、まさしく蜜月状態で、逆に新婚当時、こうした甘さや頻繁な性的関係がないようでは、その夫婦はいささか問題、といってもいいかもしれません。

妻から母へ

新婚の甘い時代を経て、まず初めに、夫婦のセックスにおいて問題が生じてくるのは、妻が妊娠し、子供を産むころです。

この時期も、夫婦によってさまざまですが、一般的には、結婚後二、三年から五年くらいのあいだに、妻の妊娠、出産という事態が生じてきます。

いうまでもなく、この状態はきわめて好ましいことで、夫は一児の父となる自覚に目覚めるとともに、これから形づくられていくであろう家族というものへ、大きな希望と夢を抱きます。

しかしこの喜ぶべき事態も、夫婦の性という点では、必ずしも好ましい結果を招く、とはいいきれません。

そこでここでは、妻の妊娠・出産に対して、夫の側から感じるマイナスの面だけを記しますが、まず真っ先に問題になってくるのは、妻の体型の変化です。

そんなことをいっても、子供がお腹にいるのだから、仕方がないでしょう、と女性たちは憤慨するかもしれませんが、ここではことさらに、男の目から見たマイナスだけを拾っているのですから、あまり気にしないで欲しいのです。いや、男というか夫は、こういう目で妻を見ているという意味で、少しは気にして欲しいのですが……。

まず妊娠し、五ケ月から七ケ月、八ケ月と、お腹がせりだし、のっしのっしとお相撲さんのように歩く妻を見て、夫たちのほとんどは、そこに生命の神秘とともに、動物的なものを感じて、不思議というか、不気味な気持ちにとらわれます。

この間、セックスは腹部を圧迫する正常位を避け、後背位や側臥位《そくがい》なら、問題はありません。男性のなかには、妊娠している妻と関係すると流産するのではないか、という不安にとらわれる者もいるようですが、とくに乱暴なことをしないかぎり、心配することはありません。

しかし総じて夫たちは、日々巨大化する妻のお腹を見るうちに、そこに触れたり、胎児の動きを探るべく、耳を当てたりはしますが、お腹の大きくなった妻とセックスする回数は徐々に減っていきます。

たとえ関係しても平気だとわかっていても、なにか怖いような、不気味なような、そしてそれ以上に、体の線が崩れた妻に性的魅力を感じなくなるからです。

この場合、妻のほうにも問題があって、ことさらに二人の話題が、生まれてくる子供のことに集中しすぎたり、自分のお腹をこれ見よがしに夫に見せたり、いわば、妊娠という事実を誇示しすぎるような態度が、男をいささか辟易《へきえき》とさせ、萎《な》えさせていくことも多いのです。

そのどこが悪いの、といわれたら、なんとも答えようがないのですが、妊娠中でも、女性らしい恥じらいというか、「少し醜くてご免なさい」といった態度が見えると、夫の受け止めかたもかなり違ってくるかと思われます。

いずれにせよ、このころをきっかけにして、夫の妻への性的欲求が減退することはたしかです。

そしてさらにこの傾向に追討ちをかけるように、出産という事実が、大きく影響してきます。

ここで、ひとつ考えなければならないのが、妻の出産に立ち会う夫の問題です。

いわゆるラマーズ法が広まり、産婦の緊張の緩和や特殊な呼吸法を促すため、夫が妻の出産に立ち会うようになってきました。

この場合、夫が陣痛で苦しむ妻の手を握り、ともに呼吸を合わせることは、夫婦なら当然のように思われます。そのことから、夫の立ち会いを、むしろ積極的にすすめる病院もあるようです。

しかしはっきりいって、わたしはこの考えには反対です。

たしかに夫が側にいてくれたら妻は安堵《あんど》するでしょうし、夫は出産という行為がいかに大変かということを、しみじみわかるでしょう。しかし、同時に、妻が大きく股間《こかん》を開き、そこから血にまみれた胎児が出てくるところを見るのは、決して好ましいことではありません。

その瞬間、男は出産という凄絶《せいぜつ》な現実を知るとともに、妻が動物であり、それは当然のことなのですが、ロマンチックとか愛《いと》しいというイメージとはまったく異なる、強く逞《たくま》しい母性を実感します。

さらにいえば、長年、夢見てきた妻の秘所が、かくも生々しく巨大に開くという事実に驚き、見てはいけないものを見たような気持ちにとらわれます。

はっきりいって、男はこうした血なまぐさい生理に敏感で、とくに血に対しては、女性が思っている以上に弱いのです。

男は口でこそ強そうなことをいいますが、その実、自分や、愛する人の生々しい血を見ると、たちまち怯え、震えだすものです。男が強がっているのは表面だけで、根はひ弱で傷つき易く、逆に、心が弱いから、ことさらに、肉体だけは強そうに見せている、ともいえます。

こういう夫たちに、出産のシーンを見せることのマイナスは、その後の妻に対する性的欲求の低下という形で、表れてきます。

はっきりいって、男にとって女の秘所は、永遠の未知なる憧《あこが》れの場所なのです。妻のそれとはいえ、いまだにしかとは見たことがない、イメージのなかの宝石箱なのです。

そこを、あまりにあからさまに、生々しく見せては、神秘のかけらもなくなります。大変な苦しみの果て、たしかに子供を得た喜びは大きく、そこに夫がいて見守り、励ましてくれたことは、このあとの夫婦にとって、強い絆《きずな》になるに違いありません。

妻がそう思うのは当然ですし、夫もそうは思いますが、同時に、妻の秘所がいままで考えていたものとはまったく違う、巨大でグロテスクで生々しいものだと気がつきます。それが、このあとの夫のセックスに、微妙な影を落とさないとはいえません。

事実、妻が子供を産んでから、妻を女というより、母という目で見るようになり、性的に萎える夫は意外に多いのです。とくに妻の出産を目撃した夫はこの傾向が強く、五割近くが妻に対して醒《さ》めた目で見るようになり、さらにその半分近くが、その後、妻に対して性的好奇心を抱かなくなる、いわゆるＥＤ（インポテンツ）の原因になっているようです。

夫婦のあいだでも、やはり隠しておくべきものは必要です。

世阿弥《ぜあみ》のいう「秘すれば花」のとおり、秘めているからこそ、美しく神秘的で、豊かなイメージをそそるものでもあるのです。

第3章　妻とのセックス・中年時代

前章は、新婚まもなくから、子供ができるころまでの夫と妻の性について触れましたが、今度はそのあと、三十代半ばから四十代の、いわゆる中年夫婦の性について、考えることにします。

この年代になると、夫も妻も社会的経験を積み、心身ともにもっとも脂が乗る、人生を季節にたとえると、まさに盛夏の時代です。

しかし、こと、夫婦の性に関しては、必ずしも充実した時代、とはいえないケースもかなり多いようです。

その理由はおいおい触れるとして、まず、この時代の夫と妻のポジションについて、考えてみることにします。

この年代、すなわち三十代半ばから四十代にかけて、多くの男性は仕事の面で、いわゆる働き盛りで、もっとも忙しくなるときです。地位も現場の主任とか係長、会社によっては課長や部長となり、中間管理職になって責任も重くなります。

こうして、当然のことながら、一日のほとんどは仕事のために費やされ、仕事に生き甲斐《がい》を見いだし、いわゆる会社人間となっていきます。

一方、妻のほうは、この年代になると一人から三人程度、子供をもち、子育てに追われることが多くなります。さらに勤めをもっている女性は、毎日の仕事に子育てが加わり、心身ともに疲れている人も少なくないでしょう。

このような状況の下で、夫婦の性生活が新婚当時のように頻繁におこなわれなくなるのは、むしろ自然の成り行きかもしれません。

要するに、夫は仕事に疲れ、妻は子育てで体力を消耗し、セックスにエネルギーを費やす余裕が無くなってきます。

よく中年の男たちが冗談まじりに「仕事とセックスは家庭にもちこまない」というのは、こういう状態のことだと、考えていいでしょう。

この場合、口調は冗談めかしていても、ここにはかなりの真実というか、奥深い意味が含まれていることもたしかです。

さまざまなマイナス

「仕事を家庭にもちこまない」というのは、仕事上での不快なことや苛々《いらいら》などを、家に帰ってきてからぐじぐじいわない、という意味で、これはこれなりに妻にとっては好ましいことかもしれません。

もっとも、この裏には、会社のことなど、妻に話したところでわかるわけはないという、一種の諦めとともに、妻の存在を無視しているという意味で、一部の妻たちは不満を抱くこともあるでしょう。

その結果、「もう少し、仕事のことをいろいろ話して」などと、夫に迫り、夫がますます無口になる例もないわけではありません。

しかし総じて、夫の一方的な愚痴を聞かされるよりは、黙っていてくれたほうが気が楽、という妻のほうが多いかと思われます。

このあたりは、夫婦によってさまざまでしょうが、はっきりいって、仕事を家にもちこまないこと自体、さほど問題になることはないでしょう。

ところが、「セックスは家庭にもちこまない」となると、これはまったく別の問題です。

もともと夫婦であることの基本的な条件のひとつとして、性的関係は欠かせない大事です。前に男が結婚する理由の第一として、安定した性的関係をもてる女性を確保することにある、と記したように、セックスは夫婦であることの、最大の証しでもあるのです。

それを家庭にもちこまない、というのですから、これは妻の存在を無視するとともに、妻に性的魅力がないことを、暗にいっているようなものです。

もし夫がそんなことを、外でうそぶいていると知ったら、妻は烈火の如く怒るかもしれません。いや、最近では、「結構よ、わたしも家にはもちこまないから」と、外で夫以外の男性と遊ぶ人妻も増えているかもしれませんが。

むろんそこまでいかれては夫も困るので、妻がそうした反逆をおこさない範囲で収めたいが、新婚時代のように激しくは無理、というわけで、それが先のような言葉になったのだと、考えたほうが無難でしょう。

ではなぜ、冗談めかしても、夫たちはそんなことをいいたくなるのか。

その最大の理由は、三十代半ばから四十代に入って、夫たちが痛切に感じる若さの衰えです。

往々にして、男はこの年代になっても容貌《ようぼう》はさほど衰えず、むしろ仕事における自信とともに、男らしい逞しさを備えてくるものですが、そうした表向きの顔とは別に、基礎体力は確実に落ちてきます。このことは、サッカーや野球の選手などが、三十代半ばで第一線からリタイアするのを見ても明白です。

しかしサラリーマンの場合、彼等ほどの体力を必要とはしませんから、つい見逃してしまいますが、ベッドの上では確実にスタミナが落ちてきているのを感じています。むろん、セックスは体力だけでなく、技巧的なものでかなりカバーできるのですが、そこまでの気力というか余裕がないとき、夫はセックスを少し億劫《おっくう》な、面倒なものと、思うようになってきます。正直いって、セックスするより、テレビでも見て寝たほうが楽、というわけです。

このような、若さの消耗とともに、いまひとつ重大なのは、セックスに対する、もの珍しさの消失です。

婚約時代から新婚時代にかけて、夫は妻を、それこそ欲しくてたまらなかった玩具《がんぐ》を、ようやく得てやたらいじりまわす男の子のように、うるさいほどまとわりつき、求めます。

しかし、その新鮮なもの珍しさも、慣れ親しむうちに日常化し、やがて飽きてきます。

「そんなこと、いまさらいわれても困るわ。初めはあんなに狂ったように求め、喜んでいたのに」と妻が憤慨しても、時とともに新鮮さを失い、色褪《あ》せてくるのは自然の定めというものです。

ここには当然のことながら、近づきすぎたマイナス、ということも考えられます。たとえ夫婦といえども、ほどよい距離感を保っていたら、それほど早く飽きがこなかったかもしれない。とはいえ、いずれ、マンネリ化するのは時間の問題といえなくもありません。

いずれにせよ、現代のように、狭い家で夫婦が常に身近にいて、いつでも関係できる平和な状態は、こと、性的ボルテージを高めるという点では、必ずしも良好な状態とはいえません。

少なくとも夫と妻、とくに夫という雄の性にとっては、かなり無理な、見方によっては過酷な要求かもしれません。

くわえていまひとつ問題なのは、この時期、多くの妻たちは子育てに追われていることです。

わが子の出産から育児という経過のなかで、妻は愛情のほとんどを子供に向けるようになり、その分だけ、夫への気配りは薄れてきます。

むろん、妻の子供に対する愛情と、夫に対するそれとは基本的に異なるものですが、夫たちはなぜか、自分がないがしろにされたような気がしてきます。頭のなかでは、それとこれとは別とわかっていても、生来、甘えん坊の素質をもち続けている夫たちは、釈然としない気持ちにとらわれます。

一方、妻たちは子供に心を奪われているうちに、徐々に夫とのセックスに関心を失い、育児と現実の生活そのものが優先し、新婚当時のようなロマンチックな雰囲気は消えていきます。

このことを端的に表しているのが、子供をはさんで、妻と夫を互いに「ママ」「パパ」と呼び合うことで、この瞬間から妻と夫は、純粋の恋人同士、とはいえなくなってきます。

この背景には、日本人独特の照れもあるかもしれませんが、欧米人などは、夫が妻を「ママ」と呼ぶのに驚き、なかには、年齢《とし》がほとんど同じなのに、どうしてこの女性が貴方《あなた》の母親なのか？　と、本気で訝《いぶか》る人もいるようです。

こうしたマイナス要素にくわえて、さらに問題なのは、自分たちの家がセックスをする場として、必ずしも好ましい所とは思えないことです。

それというのも、子供が生まれるとともにひとつ部屋が余分に必要になり、長ずるにつれてそれは子供部屋となり、家全体が乱雑になるとともに、夫婦の空間が圧迫されてきます。

このあたりは、子供が生まれた以上、ある程度は仕方がないことですが、都会の団地のような狭い住居では、とくに影響が大きく、子供が長じると、今度は思いきりセックスを堪能《たんのう》できない、という悩みまで生じてきます。

たとえそこまでいかなくても、日常の生活の匂いが染《し》みこんだ場で、ロマンチックな性的関係を結ぶには、いささか不似合いな感じになり、せっかくの欲求も薄れることになりかねません。

それにしても、かつて安心して自由気儘にセックスを満喫しえたはずの自分たちの家が、結婚して十年も経つと、なにやら鬱陶《うっとう》しい、気の重い場に思われてくるとは、少なくとも新婚当時には、予想だにしなかったことだといえるでしょう。

成熟する性としない性

これまで、中年になるにつれて夫婦のセックスが淡白になる、いわゆるマイナス要因だけを中心に考えてきましたが、ここから先は夫と妻、はっきりいうと男と女の、セックスにおける基本的な感じ方の違いについて、記すことにします。

もともと、男と女の性はまったく違うものですが、とくに性的成熟という点で、両者の違いは際立っています。

一般に男性の場合、性的願望は十代から芽生え、二十歳前後にもっとも高まってきます。このとき、男はごく自然に自慰を覚え、それとともに強烈な快感を知り、さらに女性との性交において、より激しい快感に痺《しび》れます。

この一連の過程で特徴的なのは、これら快感の獲得に当たって、男という性はなんの痛みも不快も感じないという事実です。

これに対して、女性は初めに男性を受け入れるに当たって、かなりの怯えと不安にとらわれ、性交自体にも痛みを覚え、出血まで生じます。

このように、男の性は初めから圧倒的な快楽であるのに比べて、女の性は初めはむしろ苦痛そのもの、といってもいいでしょう。

だからこそ、処女で初めから快感を感じる、などということは、まずありえないのです。

この性の初めにおける、大いなる違いは、のちに逆の意味で、別の大きな違いを生じてきます。

まず、セックスを重ねるにつれて、女性のほうは次第に不安や怯えが薄れ、それとともに痛みも消え、あるときから快感を覚えはじめます。むろん初めは徐々に、次第に強く悦《よろこ》びを感じ、やがてエクスタシーにまで達し、それとともに相手の男性への愛着が一層強まってきます。

むろん、相手の男性を好きになれないとか、男性の性的技巧がまずすぎる、さらには女性自身の性に対する蔑視《べっし》や嫌悪感が強すぎるなどの理由で、女性がそれほどセックスを好まず、性的快感が成熟しない場合もあるでしょう。

こういう例は別として、一般的に、セックスを重ねるにつれて、性に対して成熟し、性的快感が強まるのが、女性の特徴といっても過言ではありません。

これに反して、男の性感は必ずしもセックスを重ねるにつれて強まっていかない。いいかえると、男の性は成熟する性というより、初めから獲得されている性で、その快感は女性のそれに比べると、かなり精神的なものなのです。それというのも、男は肉体の快感そのものより、どこの、どういう女性とどういう形で接しているという事実によって快感が異なり、総じて、長年憧れてきた未知なるものと接するとき、もっとも高まる性なのです。

考えてみると、この未知なるものと接するとき、男の欲求がもっとも高まり、快感も大きいということは問題で、男という性が浮気し易い性である理由にもなるのですが、しかしこの性的特性が、人類の子孫繁栄に有効であったことも事実です。

なぜなら、男も女と同様、初めにセックスが不安で痛みを伴うものなら、ともに性的関係にいたらず、子供が生まれることもないからです。

それはともかく、女性のセックスが、回数を重ねるにつれて、徐々に開花していくのに対して、男の性が初めから開花していて、回数を重ねるにつれて、むしろ悦びが薄れていくことは、夫婦のセックスを考えるときに、大きな問題となってきます。

とくに中年の場合、夫はすでに妻に対して性的な珍しさを覚えず、したがって新婚当時からみると、欲求も快感もいささか下がっています。

これに対して、妻は抱いていた不安が薄れ、夫によって性的にも開発されて快感が深まり、さらに強く頻繁に夫を求めていくとしたら。

ここに性的アンバランスが生じることは、むしろ当然の成り行きでもあるのです。

初めに、「セックスを家にもちこまず」といったのは、暗にこのことを示唆《しさ》しているわけで、妻が性的に成熟し、強く要求してくることから逃れたい、という夫の思いが秘められているのです。

これを、まことに不埒《ふらち》。一方的に快感を教えこんで、いざ目覚めたときに逃げるとは、無責任も甚《はなは》だしい。そう怒る女性もいるかもしれませんが、その裏に、男がもって生まれた性の特性が隠されていることも事実です。

この夫の性的欲望の低下とともに、妻のほうも性的好奇心を失っていきます。いわゆるセックスレス夫婦ですが、これは月に一度を最低回数とし、これよりセックス回数の低いケースをいいます。

心の愛は別

ここまで読んでくれれば、中年の夫婦の性が、危機的な状態に陥りやすいことが、よくわかるかと思います。

ただひとつ、ここで忘れてならないことは、夫がさほど妻を求めなくなり、性的関係が薄れたからといって、夫の愛が薄れたわけではない、ということです。

いうまでもなく、愛は体だけの問題でなく、心もまた大きなウエイトを占めています。その心の愛や、夫婦でいる安らぎは、ロマンチックで濃厚なセックスの関係がなくなったからといって、必ずしも薄れるものではありません。

いや、場合によっては、体のつながりが薄れた分だけ、むしろ強まっている例も、ないわけではありません。

いずれにせよ、これはあくまで夫というか、男のいい分にすぎませんが、夫婦がともに中年になることが、ひとつの試練の時代への突入を意味していることはたしかです。

第4章　妻とのセックス・熟年時代

熟年の性

いまここで、「熟年」と記しましたが、これはどのような年代をさすものなのか。

この言葉を最初につかったのは、作家の邦光史郎氏だといわれています。昭和五十三（一九七八）年、いまから二十五年ほど前に、円熟した年頃、という意味でつかわれたのが一般に広まったようです。

現在、この言葉は多くの辞書にとり入れられて、「中高年」「実年」という言葉とともに、「五十歳前後の年齢をさす」と記されています。

このとおりだとすると、四十代の後半から五十代の前半ということになりますが、現在つかわれている熟年という言葉の感じは、もう少し上の、五十代半ばから六十代、さらには七十代の人たちまで、含めているように思われます。

要するに、この二十年のあいだに、高齢で元気な人が増えたために、熟年の意味が上に広がった、というわけです。

したがって、ここでいう熟年の性とは、五十代の後半から六十代、さらには七十代までの、男性の性、ということになります。

この年代の夫たち、というより、男たちに共通していることは、もはや青・壮年期のような、若さや体力はすでにない、ということです。

人生を四季にたとえると、盛夏を過ぎて秋に入った時季であり、人によっては晩秋であったり、病《やま》いを得て、冬の季節に入っている人もいるかもしれません。

いずれにせよ、かつてのような逞しさもスタミナもないことはたしかで、妻とのセックスの回数が急速に減ることも事実です。

しかし、このように肉体的な力が衰えるといっても、性欲自体が衰えるわけではありません。

いや、むしろ、この年代のほうが、精神的な欲望自体は高まっている人も少なくはないでしょう。

ただ欲求が、家にいる妻にだけでなく、外のほうに向けられる可能性が高いことが、問題といえば問題かもしれません。

最後の浮気

この熟年世代の夫たちの最大の問題点は、妻とのセックスはすでに充分重ねられて、かなり飽いている、という事実です。

夫の年齢を五十代半ばとしても、この年代になれば妻とのあいだのセックスがさほど珍しいものでなくなるのは、無理もないことです。

もちろん、このことは妻の側も同様で、夫とのセックスに飽き飽きしている妻も、少なくないでしょう。

ただこの場合にも前章で触れたように、女の性感が重ねるにつれて深まる性であるのに対して、男のそれが深まらない性であることが影響して、男の性欲が妻に向きにくいという問題が生じてきます。

これにくわえて、この年代の男性の多くは、すでに退職した人はもちろん、定年を意識しはじめた人たちも、自分の未来に対して、ある種の焦りというか、不安を覚えることが多くなります。

その内容は、仕事のことであったり、家族のことであったり、公私さまざまでしょうが、愛においても、このまま終わってしまうのはもの足りないというか、いま一度燃えてみたいという思いにかられます。

むろん、この年齢になっても圧倒的に愛し合っている夫婦なら、こういう焦りにとりつかれることはないでしょうが、すべてのカップルがそうとはいいきれません。

そこで男の場合、改めて外のほうに目が向き、新しい恋が芽生えます。

いわゆる熟年の恋で、相手は会社の部下であったり、何かのきっかけで知り合った女性であったり、さらには水商売の女性であったり、さまざまです。

しかし年齢的には、自分の妻よりははるかに若い女性であることが多く、それは妻とは違う新鮮な刺激を求めているからです。

いうまでもなく、夫の外での恋愛は不倫で、家庭的にはもちろん、社会的にもかなり厳しい視線にさらされます。

このとき、夫たちの頭に去来するのは、これが自分の最後の恋になるかもしれない、という思いです。

このさし迫った、やる瀬ない思いが、さらに男の気持ちを高ぶらせ、恋の深みにはまり、抜きさしならぬことになる例も少なくありません。

こうして、当然のことながら、妻とのセックスはほぼ完全に途絶え、彼女とのセックスにのみ、熱中するケースが多くなります。

これまで、かなり頻繁に妻を求めていた夫の場合は、セックスの頻度を見れば自ずとわかりますが、以前からさほど求めていなかった場合は、これだけではわかりません。しかし、夫の落ち着きのなさや、急にお洒落《しやれ》に気をつかいはじめたり、隠しごとが多くなったり、夫の行動を少し冷静に観察すれば、容易に気がつくことでしょう。

いずれにせよ、夫が外で浮気をした場合、妻とのセックスが急速に減ったり、おろそかになることはたしかですが、問題はこの浮気が終わったあとです。

熟年の恋は往々にして、当初の勢いとはうらはらに、呆気《あつけ》なく終わることが多いのですが、それとともに、夫の妻への欲求も同時に失われていくことが多いのです。

もはや外での恋は終わったのですから、改めて妻に戻り、妻を求めそうなものですが、多くはそうはいかず、そのまま夫婦の関係が途絶えてしまいます。

なぜなら、男として最後の情熱をふりしぼった恋が終わるとともに、彼自身の気力も萎えてしまうからです。

こういう冷めた関係にならぬため、妻はどのようなことに配慮するべきか。その第一は、やはり女らしさを失わず、夫に優しく接することです。これまでの経緯からして、とてもそんな気になれない、という妻も多いでしょうが、そこは一旦、我慢して、小綺《こぎ》麗《れい》に装い、愛らしく夫に甘えることです。

夫は外で遊んで、悪いことをしたと思っている。その気弱になっているときに、あえて責めたてたりせず、逆に優しくつつんでやるようにする。そうされると、夫は「おや？」と思いながら、妻の愛しさを再発見して、申し訳なさとともに、改めて妻の心の広さと温かさに感動します。

要するに、表面は負けて、実《じつ》をとるのです。

多彩な愛の形

ここまで、熟年の夫婦関係について、やや悲観的なことを書きすぎたかもしれませんが、だからといって、必ずしも絶望することはありません。

たしかにこの年代、男女とも、若いときより肉体的能力は落ちますが、かわりに、精神的にはむしろ夫婦が歩み寄り、互いに、いたわり合うような優しさも芽生えてきます。

かつて企業戦士として、また会社人間として、家庭や妻をかえりみず、ひたすら働き続けていた夫が、この年齢になってようやく自分の足元を見つめるようになり、改めて妻を見直すようになります。

むろん、なかには外で浮気をする夫も少なくありませんが、その夫たちもやがて相手とうまくいかなくなって、家庭に戻ってきます。

その経緯はさまざまでしょうが、この時期、精神的な欲望、いわゆる性欲と肉体の行動とは直結せず、精神と肉体のあいだに一種の乖離《かいり》が生じます。このずれがむしろ幸いして、いままでのような直接的でない、より穏やかで、それだけ多彩な性愛を楽しめる時期、ともいえそうです。

このことで思い出すのは、すでに亡くなられた、作家の八木義徳先生からお聞きした話です。

そのころ、先生は八十歳を少しこえられていて、奥さまは六十歳前後であったかと思うのですが、たまたまお酒の席で、話がセックスのことになりました。

そのとき、わたしは思いきって、「先生は、いまもセックスをなさっていますか?」ときいてみました。

すると先生は、「僕はもう年齢《とし》なので、妻とはセックスはできないけど、そのかわり、夜、休むときには必ず妻の手を握って、彼女が眠りにつくまで、見届けているんだよ」と、満足そうに話されました。

当時、まだ若かったわたしは、そんな愛の形もあるのだと、不思議に思ったのですが、これなどは熟年の夫婦の、ひとつの理想かもしれません。

体力が衰えても、愛の表現にはさまざまなものがある。いや、見方によっては、ただ激しいだけのセックスより、この穏やかな愛しかたのほうがエロチックで、豊かなセックスかもしれません。

こう考えると、性愛、エロスというものは、男と女がセックスをすることだけでないことがわかってきます。

いいかえると、セックスという言葉のなかには、男女、二つの性が関わる、あらゆる行為が含まれている、と考えたほうが自然です。

たとえば、夫婦が同じベッドで休む場合、あるいは、夫が妻を求めて、逆に妻が夫を求めて寄り添ったとき、必ずしも性行為そのものをしなければならない、というわけではありません。

なんとなく触れ合いたくて、あるいは心が淋しくて、さらには寒くてなど、理由はともかく、二人が寄り添い、抱き合っているだけで、それは立派なセックスに違いありません。

なぜなら、異性と異性が求め合っているのですから。

それに、互いに肌を触れ合うことくらい、心地よくて、体にいいことはありません。

もちろんこの場合、好ましい、愛している者同士でなければ困りますが、好きな人と肌と肌を合わせると、互いの温もりを感じるとともに、心が和《なご》み、しみじみ幸せな感情にとらわれます。

この充足感は、下手《へた》なセックスより、いや、たとえ上手でも、終わるとすぐ背を向け合うようなセックスより、はるかに満たされた思いは強いはずです。

くわえて、肌と肌を触れ合うことは、互いの皮膚の毛細血管を刺激して血の流れを良くするとともに、肌が潤いを増し、つやつやしてきます。

熟年の性の素敵なところは、肌と肌を触れ合うだけでも少しも不自然でないどころか、それが似合うところです。

こうした肌を触れ合うだけのセックスは、老人ホームなどではとくに多く、老いても、こうした関係を続けている夫婦や男女のほうが、一人で孤独に暮らしている老人より、はるかに元気で、若々しいといわれています。

このように、セックスの意味を広く考えると、さまざまな愛の形が考えられて、たとえば夫婦二人で互いに触れ合ったり、あるいは戯《たわむ》れ合ってもいいかもしれません。さらにはともに、少し淫らなビデオを見ても悪くはないでしょう。

いずれにせよ、この年代のセックスの特徴は、単なる性行為にこだわらず、それがあってもなくても、不自然でなくなってくることです。

そしてその分だけ、自由で気軽で、かつ奔放でもあるのです。

セックスを、単に挿入して射精する、といった単純な見方から離れて、二人が気持ちよくなるすべての行為を含む、と考えたら、ずいぶん気持ちが楽になるはずです。

最後にひとつ問題になるのは、夫の性格です。

この年代、夫たちは会社や対人関係で、さまざまな問題にぶつかりますが、やはり、明るく前向きで、万事に、あまりくよくよしないことです。

逆に、小さいことを気にして、引っ込み思案で、一人思い悩むタイプは、急速に老けていきます。

二十代はみな二十代ですが、熟年になればなるほど、世代として一括できず、個々人の違いが顕著に現れてきます。

そしてそれは、前に記した、広い意味でのセックスにも影響してきます。

ここでもっとも大事になるのは、明るい性格と、いい意味での自信です。これを失ったとき、夫という生きものはかぎりなくひ弱になり、頼りなくなり、卑屈になってしまいます。

いいかえると、男とは根本的にか弱い生きものなのです。

妻たるもの、そのあたりをよく理解して、いや、すでに理解している人も多いでしょうが、夫を励まし、支え合って、二人だけのさまざまな愛の形をつくりだして欲しいものです。

第5章　夫の浮気・かくされた本音

「浮気」という言葉をきいて、ほとんどの人は、まず男のことを思い浮かべるでしょう。夫婦の場合は、もちろん夫のことを。

それほど、男の浮気は多いというか、よくあることと思われています。

実際、芸能人やスポーツ選手などの夫婦やカップルの破局には、決まって夫の浮気が問題になっています。これに対して、妻の浮気が原因で破局にいたった、という話はあまりききません。

察するところ四対一か、あるいは五対一くらいで、男が浮気をするケースが多いように思われます。

では、なぜ男は浮気をするのか。ここの場合では、とくに夫が。

これからまず、その理由について考えてみることにしますが、男を弁護するような文章があったとしても、わたしが男だから、というわけではありません。

そうではなく、男という生きものを冷静に、肉体、精神の両面から考えた結果の結論として、読んで欲しいのです。

下っていく性

男の肉体的な特徴としてまず考えられることは、前の章でも触れたように、男という性が若くして快楽に目覚め、その悦びが以後、ゆっくりと下降するという事実です。

具体的にいうと、十代の半ばから急速に性に目覚め、十代後半にいたると、ほとんどの男たちが自慰を覚え、強い快感に酔いしれます。さらにその後、異性と初めて結ばれる段にいたって、快感は頂点に達し、心身ともに満たされます。

このように、男が初めから性の快感に目覚めているのに対して、女性の場合は、初体験のときは不安や怯え、さらには痛みから出血まであって、たとえ相手が好きな男性でも、快感を覚えることはほとんどありません。

それが、何度かセックスを重ね、不安や痛みが薄れるとともに、徐々に快感を覚え、さらに重ねるうちに、強いエクスタシーにまで達します。

想像する性

とくに既婚の女性では、妊娠や出産を経て、その悦びはさらに強まっていきます。

このように、一組の男女のペアを見た場合、男はその女性と初めて接したときにもっとも悦びが強く、以後、徐々に下るのに対して、女性は初めはきわめて弱く、以後、徐々に強まり、上昇線を描きます。

この、男性の下降線と女性の上昇線と、両者が交錯するのは、二人が結ばれてからどれくらいのときに生じるのか、それは各々のペアによってさまざまでしょうが、いつかその交錯するときがくることはたしかです。

もっとも、女性によっては、わたしは上昇するどころか、初めから快感などはほとんどなく、低い線をたどってきただけだわ、とつぶやく人もいるかもしれません。

こういう場合は、交錯するポイントはかなりあとになるかもしれませんが、男が次第に快感を失っていくことに変わりはありません。

いずれにせよ、この上昇ラインと下降ラインが交錯するあたりが、男がそろそろ浮気をしはじめるころで、夫婦にとってひとつの注意ポイントというか、黄色信号といってもいいかもしれません。

ここでひとつ忘れてはならないことは、男の性的快感が回数を重ねるにつれて下降線をたどるという事実は、裏を返すと、男の快感自体がきわめて精神的であることの証しでもあるのです。

こう書くと不思議に思う女性もいるかもしれませんが、男の快感は、女性と性的関係までいたったという事実や、それに関わるさまざまなことを想像することで一層強まり、深まっていくからです。

たとえば、初めてセックスするとき、ようやく憧れの女性と結ばれることができたという事実にまず興奮し、震えるような悦びを覚えます。同様に、女性がついに肌を触れさせ、乳首を見せ、股間まで開いて自分を受け入れてくれた、その各々に感動し、満足します。この場合、相手の女性が性的に未熟でも、あまり気のりしていなくても、関係はないのです。

それどころか、一部の男たちはレイプにもそれと同じような快感を覚えることもあります。多分、このときの心境は、いままで思い焦がれていた女性を、ついに自分の意のままに征服したという事実に興奮し、感動しているのです。

それぞれ、時と場合はまったく異なっていても、同じように悦びを感じ、震えるということは、肉体的な快楽以前の、精神的な要素がきわめて強い証し、といってもいいでしょう。

これほど極端な例でなくても、男の肉体的快楽自体が弱いことは、セックス以外の五感、とくに視《み》て聞く事実に、強く興奮するところにもよく表れています。

たとえば昔から男たちがよく通った、いわゆるストリップ劇場や、いまでいうソープランドなどで、男たちは女性の裸体や、その局所を見るだけで充分、興奮し、満足します。

たとえそこまでいかなくても、怪しげな雑誌や、そこにのっている女性の乳房やヘアを見るだけでも興奮し、テレフォン・セックスのように、妖《あや》しい声を聞くだけで自慰をし、満たされることもあるのです。

この耳からの興奮については面白い話があって、わたしの友人が若かったころ、安いラブホテルに行ったらしく（今はそういうところはないようですが）、二人でセックスをしているときに、隣から淫らな声が洩れてきた。途端に彼はセックスより、聞くほうに興味を抱き、セックスを中断して壁にグラスを当てて聞きはじめた。彼はそれで充分満足していたのですが、彼女は逆に憤慨し、それがきっかけで別れることになった、という笑えぬ話があるのです。しかも、この話にはおまけまであって、あまり反応のない女性と関係するより、隣の部屋からの淫らな声を聞きながら、一人で自慰をするほうがはるかによかった、というのです。

いささか生々しい例を紹介しましたが、これは、男は実際のセックスと同様、視覚や聴覚の刺激に強く興奮することを示したもので、このことからも、肉体的快感はさほど強くないことがわかるかと思います。こうした事実を知れば、夫の下降線をとどめるためにどうしたらいいか、その対策も自ずからわかってくるはずです。

まずその第一は、男はいわゆる馴《な》れ親しんだもの、マンネリに冷淡というか、飽きやすいということです。

それを打破するためにはどうするか。そこからは各々の知恵にかかってきますが、そのひとつとして、セックスにおいて、いままでにない体位を考えることもひとつの方法かもしれません。とはいっても、これは相手の男が賛同しなければ、できることではありませんが。

他に、寝室やベッドの雰囲気を変えて盛り上げる。さらに妻が新しいネグリジェや素敵な香水を身につける、などということは、ときどき女性誌などに出ていますが、これもやりすぎては、男がかえってビビることがあるから、要注意です。

さらに、ときには雰囲気を変えて旅に出るとか、ラブホテルに行ってみる、などという方法もあるかと思いますが、ここから先は夫婦相互の知恵の出し合い、ということになりそうです。

いずれにせよ、男という性が、相手に馴染《なじ》むにつれて次第にときめきを失い、性的欲望も低下し、快感自体も薄れていくことは事実で、それが男たち、とくに夫たちを浮気に走らせるひとつの原因になっていることはたしかです。

もっとも最近は、「夫がわたしを求めないならそれで結構。そのほうが、こちらも楽だし、わたし自身も自由で遊びやすいわ」という妻も多いようですから、すべての妻にとって共通の悩み、とはいえないかもしれません。

男の愛は比較級

性的快感の下降とともに、もうひとつ、夫が浮気しやすい理由として考えられるのは、「愛における男の複数指向」ともいうべきものです。

これを具体的にいうと、男は一人の女性を愛していながら、同時に、他の女性にも目を向ける、多情で落ち着きのない生きものだということです。

この点、女性はかなり違っていて、いまAという男を愛すると、その男一筋となり、次になにかのきっかけでBという男を好きになると、前のAのことはきれいに忘れてBだけに熱中する。

要するに、女性の愛は一極集中というか、「オール・オア・ナッシング」であるのに対して、男性は同時に複数の女性を愛することができる生きものです。不謹慎かもしれませんが、同時多発テロをもじって、男の浮気は「同時多発エロ」と考えたほうが、わかり易いかもしれません。

したがって、もしある男性が恋愛中の女性に、「君が一番好きだよ」といったとしても、それは一番目というだけで、他に二番目も三番目もいる、と考えても、そう間違ってはいません。

このように、女の愛を一極集中型とすると、男の愛は比較級型といってもいいでしょう。

いずれにせよ、男は一点にとどまらず、絶えずまわりを見回し、常に新しいものに関心を抱く生きもので、それだけに油断ができず、浮気しやすいというわけです。

もちろん、それはいけないことで、女性のように一極集中すべきだ、という意見もあるでしょうが、それができないのが男です。

このあたりは男の性格というより、男という体というか、本能がそういうように創《つく》られているからで、ここから先は、それぞれの性の特徴として理解したほうがよさそうです。

実際、男の子と女の子とを、それぞれ育てたことのあるお母さんなら、このあたりのことはよくわかっていて、男の性と女の性は違うことを実感しているはずです。

もちろん、同じ男でも、それほど浮気性でなく、まわりの女性に関心を抱かない男もいないわけではありません。女性のなかにも、他の男に目が移りがちな女性もいるでしょう。しかしそれらはあくまで例外というか少数派で、男の多くが女性に比べて複数指向の浮気性であることはたしかです。

そして浮気性の女性も、実は本当に好きな人がいないから浮いているだけで、もし本当に好きな男性ができたら、意外に落ち着く女性も多いようです。

いずれにせよ、この男性の複数指向にくわえて、セックスを重ねるにつれて性的快感が衰弱する。この性にまつわる二つの特性が、女性に比べて男性が浮気しやすい原因、と考えて間違いないでしょう。

では、そんな夫たちの浮気の実態はどのようで、そのとき夫たちはなにを考え、その結末は、どのような形をたどるのか。それらの点については次章でくわしく考えてみることにします。

第6章　夫の浮気・生理の違い

ここでは夫の浮気の実態と、その特徴について考えてみますが、その前に、まず浮気とはなにか、その定義について触れてみます。

一般に辞書などでは、浮気とは「一つのことに集中できなくて、興味の対象が次々と変わること」と記されています。

むろんこれは広い意味での浮気の定義で、主に性格的なものについていっていることで、子供や落ち着きのない人によく見られる傾向です。

これに続いて記されているのが、「異性から異性へと心を移すこと」で、こちらは明らかに男女関係における浮気、といってもいいでしょう。

しかし、この程度のことなら男性だけでなく、女性にもよくあることで、格別、男に多いということにはならないでしょう。

次に、「妻や夫など定まった人がいながら他の異性と情を通ずること」というのが記されています。

この章で扱っているのは、この第三番目の浮気のことで、情を通じるとは肉体関係を持つこと、と考えていいでしょう。

ところで前章でも指摘したとおり、男も女も心を移すことはままあるけれど、肉体関係にまですすむ例は、圧倒的に男性のほうに多い、と思われます。

このことは男女とも認めているところですが、よく考えてみると、この見方には、明らかに矛盾があります。

なぜなら、肉体関係になるということは、一対一の男女が深く関わり合うことですから、浮気をしている男女の数は同数になるはずです。なのになぜ、浮気をしているのは、妻より夫のほうが多くなるのか、という疑問です。

そこで改めて問題になってくるのが、一般に男性、とくに夫たちが浮気をしている相手の女性のことです。

この場合、もっとも多いと思われるのは、独身の女性たち、たとえば会社に勤めているOLや女子学生、さらにはクラブやバーなどに勤めている女性たち、ということになってきます。

他にソープランドやサロンなど、いわゆる風俗で働いている女性たちが考えられますが、彼女らは初めからセックスを商売としている点で、別に考えたほうがいいかもしれません。

いずれにせよ、夫たちが浮気をする相手はほとんどが独身の女性で、既婚の女性、すなわち妻たちとの浮気はきわめて少ないと考えられます。しかし、セックスが一対一の関係であることを思い返すと、独身女性の一部が、夫たちの浮気の相手として、かなり頻繁に関わっていることがわかってきます。

要するに、独身の女性のなかには、関係する相手の男性を次々と変えたり、ときには複数の男性とダブって関係している例がある、ということです。

そしてこのことは、独身女性に比べて既婚女性の妻たちは圧倒的に浮気をしていない、という証しになり、ここに妻たちの不満や怒りがあることもわかってきます。

浮気の実態

そこで、これら独身の女性との浮気ですが、この場合、もっとも安易というか単純で、それ故にさほど大きな問題にならないのは、セックス産業で働いている女性たちとの関係です。

ここでは、セックスが金銭によって売買され、当面、肉体的な欲求を満たすだけで、精神的な愛はほとんどなく、その意味ではきわめてドライな関係といっていいでしょう。

しかし、いかに金銭で処理される関係といっても、妻の立場になってみると、夫がそんなところで見知らぬ女性と関係することは許せない、と思うのは当然です。

もし妻が夫のそういう行為を知ったら、なぜそんなところへ行くのかと詰問するでしょう。

こういうとき、夫たちが異口同音にいうのは、「ただの遊びだから」といういい訳です。

「遊びであれ、なんであれ、許せない」という妻に対して、「ただの遊び」だといって弁解する夫たち。ここには男と女の性における基本的な違いが横たわっているようです。

以下、その違いについて考えてみますが、もともと男の欲求というか性欲は、一度、高ぶりだすと、なかなか抑えのきかない厄介なものでもあるのです。

こう書くと、男を弁護しているように聞こえるかもしれませんが、決してそうではありません。このあたりのことは、男という性になったことのない女性には理解しがたいことかと思われますが、男は一旦欲しくなると、局所の勃起《ぼっき》とともに激しく燃え上がり、いてもたってもいられなくなるのです。

この欲求の単純な激しさに対して、女性のそれはじわじわと、全身がゆっくりとエロチックなムードに浸っていく感じで、その欲望の盛り上がりかたは、男と女とではまったく違います。

このような男の直線的な性衝動を満たすには、まず自慰がありますが、その時お金と時間があればソープに駆け込むのは、生理的な面だけからいえば、むしろ当然の行為といえなくもありません。

この、男の待ったのきかぬ特性は、性的な欲求だけでなく、恋人や彼女と逢いたいと思ったときも同様で、なにがなんでもいま逢いたいと叫び、おかげでずいぶん損をすることもあるのです。逆に、その男のこらえ性《しょう》のなさを利用して、得をしている女性もいるはずです。

いずれにせよ、このなにがなんでも欲しくなったとき、男は誰でもいい、さし当たり受け入れてくれる女性がいれば、そこへ駆け込みたくなります。

このあたりのセックスに対する安易さが、「ただの遊び」という言葉になり、そこに精神的なものはなく、単なる欲望の処理だからいいではないか、という弁解につながってきます。

実際、夫たちというか男たちは、この欲望さえ満たして落ち着けば、あとは、それまでの高ぶりが嘘のように、大人しくなるのです。

要するに、「狂おしいほど欲しい」といっても、それは一時だけの狂気で、それが終わると、それまでのことは忘れたように落ち着き、静かになります。このきれいさっぱり切り替わるところが、男たちがあまり罪悪感を覚えない理由のひとつでもあるのです。

さらにいまひとつ、男の性の特徴として忘れてならないのは、男のペニスは女性のヴァギナに挿入し、そこで排泄して終わる、という事実です。

そんなことはわかっているわ、という女性は多いでしょうが、この「挿入し、射精する」行為に対して、それを「受け入れ、受けとめる」女性の性との違いは、言葉以上に大きな意味をもっています。

それは、自分の肉体の一部をどこかに入れるという行為と、他人のものを自分の肉体に受け入れることとの違い、とでもいえばわかりやすいかもしれません。

いずれにせよ、入れることよりは受け入れることのほうがはるかに重大で、影響力が大きく、それだけに受け入れる側の性が、挿入する側の性より、より慎重に、かつ注意深くなるのは、当然といえば当然です。

このように、我慢のきかない性にくわえて、挿入するだけという安易な性のありかたが、男を浮気にかりたてる大きな理由であることは間違いありません。

くわえていまひとつ、男の性が飽きやすい性であることも重要です。

この飽きやすい背景には、すでに述べたように、男の性感が少年期からすでに開かれていて、回を重ねるにつれて必ずしも深まらない、むしろ重ねるにつれて欲望が萎えていく傾向にある性であることも、大きく関わっていると思われます。

具体的にいうと、妻と馴れ親しむうちに、次第に妻とのセックスに関心を失い、それほど強く求めなくなってきます。

この点については、いずれ一夫一婦制などのところで考えることにして、ここでは、夫が浮気しやすい理由のひとつとして挙げるにとどめておきます。

以上、さまざまな理由にくわえて、男と女の性格の違いについて考えると、女性に比べて男は圧倒的に曖昧《あいまい》というか、いい加減な性といってもいいでしょう。とくに異性への好き嫌いについて、女性は毅然《きぜん》として明確であるのに対して、男はどこか曖昧で毅然としていません。

要するに、外見はともかく、性格は女性のほうがはるかにきつく、逆に男ははるかに優しい、というより優柔不断です。現実に、それによって苦労している妻もいるでしょうが、そこにつけこんで、自在に夫を操っている妻もいるかと思われます。

いずれにせよ、この曖昧さというか、性格的ないい加減さも手伝って、夫族の浮気が妻たちのそれよりはるかに多くなるのです。

それにしても、71ページに示された〈浮気をする理由〉はやや滑稽《こっけい》であり、興味深いデータです。

このなかで男たちの浮気をする理由の一番になっている「性的な快楽のため」という

のは、そのとおりストレートで明快です。これに「ストレスを解消するため」をくわえると七〇パーセント近くに達し、このことからも、男の浮気にさほど精神性がからんでいないことがよくわかります。

他に大きな理由となっている「愛情を表現するため」と「ふれあい（コミュニケーション）のため」というのは浮気の理由というより、浮気の実態そのもので、その真意は、うまく理由が考えられなかった、といったほうが正しいと思われます。要するに、なんとなく配偶者以外の人と近づきたかったから、というだけのことです。

さらに可笑《おか》しいのは、女性の二〇パーセントに当たる「相手に求められたから」という理由です。これは、少し意地悪く解釈すると、求められると女性は意外に高い率で浮気をする、ということを示しているともいえます。要するに妻も油断がならない、ということです。

また奇妙なのは、「子どもがほしいから」という理由で、これが男女とも一割近くいるとは驚きです。浮気相手とのあいだに子供をつくるくらいなら、別れて他の人とのあいだで子供をつくったほうがいいと思うのですが、これでは夫婦が傷つけあうだけになりそうです。

これよりさらにわからないのは「義務だから」という理由で、それほど大変なら、浮気しないほうがいいと思うのですが、浮気をやめるのも大変ということでしょうか。

配偶者や恋人以外とセックスをする理由

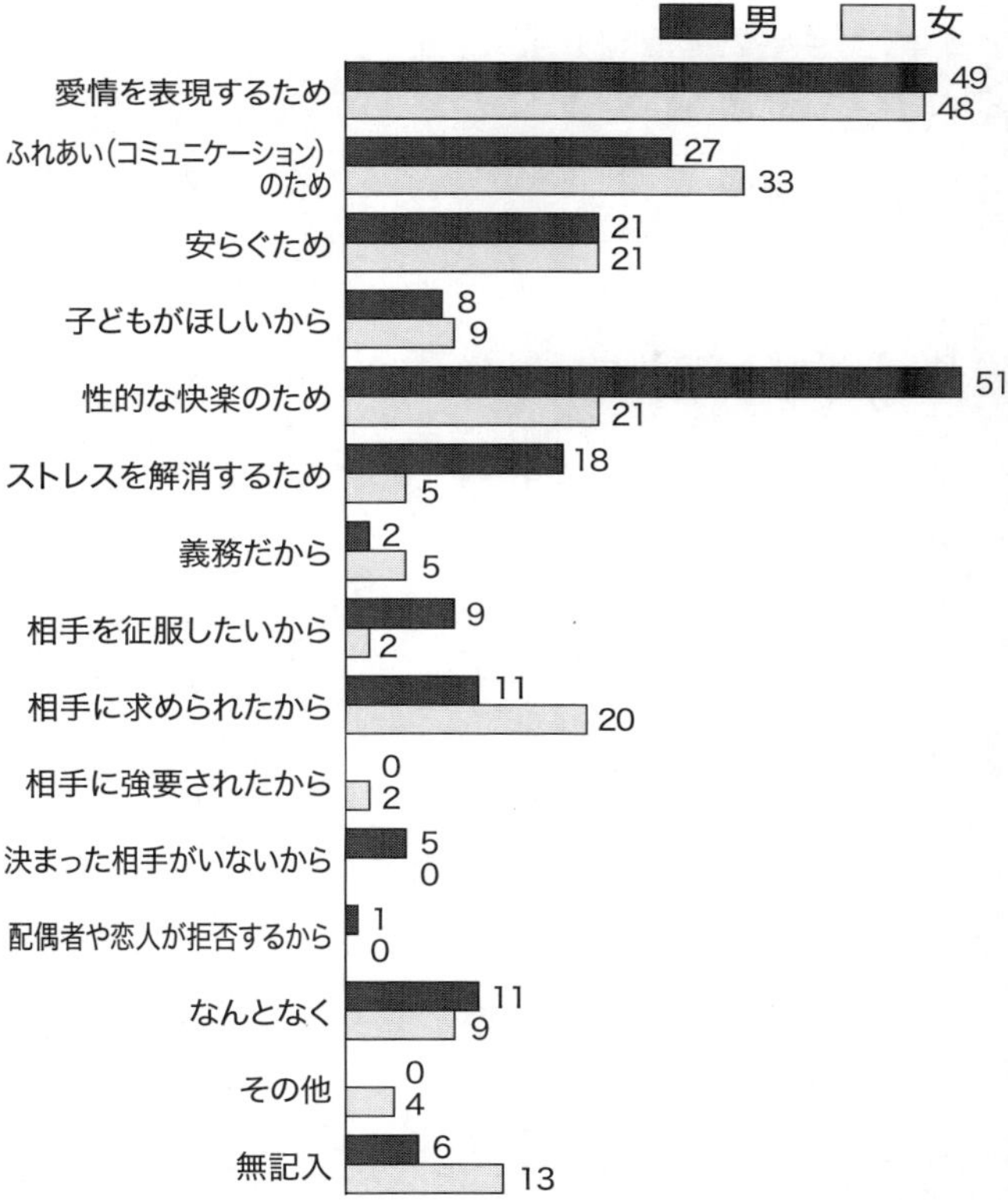

(数字はパーセント、複数回答可)

「データブック　NHK日本人の性行動・性意識」(2002年3月、日本放送出版協会)による。

回帰率

これまで、夫が浮気をする理由を、肉体と精神両面から分析してきて、読まれた女性のなかには、夫や男というものに対して、失望感を抱かれた人も多いかと思います。

しかし、だからといって、そう心配することもありません。

なぜなら、これまで挙げてきた夫が浮気しやすい理由は、そのまま浮気から醒めやすい理由にも、なるからです。この点についてもう少し具体的にいうと、浮気しやすいからこそ、その浮気は底が浅く、改める余地がある、ということにもなるのです。

以下、その線にそって考え直してみますが、初めに男の性は欲しいとなると待ったのきかない、きわめて即物的な性だと書きましたが、そのことはまた、一時満たされさえすれば、すぐ醒めるということでもあるのです。要するに、欲望を処理しさえすれば、急に落ち着き、冷静になるのです。

さらに先に記したように、単純に放出する性であり、回数を重ねても深まらない、むしろ飽きてくる性であるということは、浮気をしてもそう長くは続かない、一時的な浮気で終わる可能性が高いともいえます。

くわえて、性格的に曖昧で優柔不断だということは、本気で相手に深く溺れこむほどの気力がない、ということにもなります。

要するに、夫という生きものは、ともすれば浮気しやすい、油断のならないところはあるけれど、そのわりには腰が定まらず、肝腎《かんじん》の浮気そのものも絶えず流動的で、そうそう一点に定まるものではない、装幀に描かれた、空に浮く雲みたいなもの、というわけです。

以上のことをさらに平たくいえば、夫の浮気は見かけほど重大でなく、しかるべき時間が経てば、ほとんどは納まるもの、と考えてもいいでしょう。

このあたりは、妻の浮気とは少し違うところで、妻の場合は精神的にも肉体的にも、夫のそれとは大分異なるために、夫のようにそう安易に浮気をしない分だけ、一度したら容易に納まらないケースが多いかもしれません。

むろんこのあたりは個人差もあるので、すべてがそうだとはいいきれませんが、おおまかに見て、このような傾向があることはたしかです。

いずれにせよ、夫の浮気は見た目ほど深刻というか重症でなく、いずれ納まるものがほとんどで、その背景には、相手となる女性の多くが独身であるせいもあって、いざ男にべったりと近づかれると、かえって重荷になって逃げだしたくなる女性も多いのです。

そこまでいかなくても、妻子ある男と際《つ》き合っている独身女性の多くは意外に醒めていて、いつ別れるかタイミングを見計らっている女性も少なくありません。

要するに、「亭主それほどもてもせず」ですが、だからといって、当座の浮気に妻が耐えられるか否かはまた別の問題です。

素人《しろうと》の女性とはもちろん、玄人《くろうと》の女性との浮気でも、絶対に許せないという人もいるでしょうし、その程度なら、まあ我慢できるという人もいるかもしれません。

このあたりも、個人の性格と事情によって異なるでしょうが、できることなら、あまり騒ぎたてないことです。下手に騒ぐと、男はかえって威丈高《いたけだか》になり、売り言葉に買い言葉で、思わぬところまで突きすすまないともかぎりません。

それより、表面は耐えて、ときどき鋭い一言、二言を浴びせてやる。そのほうがはるかに効果的ですし、内心、悪いと思っている夫の心にも響くはずです。そして大切なことは、反省しかけている夫の、帰る余地は残しておくことです。

こうしておくかぎり、夫の浮気が、重要な局面にまで進展することはあまりない、といってもいいでしょう。とくに子供がいるような場合は、やがて納まるケースが圧倒的に多いのです。このあたり、夫は意外に子供思いで家庭指向でもあるのですが、その裏には、男という性に共通する、性格の弱さと孤独への不安があると思われます。

とにかく、夫の浮気は数のわりには元のさやに戻りやすい。たとえ家を出て、他の女性とともに棲《す》んでいても、かなりの率で戻ってくる。

その意味では、夫の妻への回帰率はかなり高く、鮭《さけ》とまではいかなくても、それに次ぐくらい、かつての住み慣れた川（家）に戻ってくるものです。

一方、これに反して、一度出ていった妻は容易に元には戻りません。夫に比べて、妻の回帰率はきわめて低いのが現実です。

だからこそ、「父帰る」という小説はあっても、「母帰る」という小説はないわけで、このあたりに、夫と妻と、それぞれの浮気に対する覚悟の違いが見えるといっても、過言ではないでしょう。

妻の浮気をどう見るか

最後に、妻の浮気に対して夫たちはどう思い、どう考えるか。

この点で面白いのは、夫は自分の浮気はたいしたことではないと思っているくせに、妻の浮気は許せない、重大事ととらえていることです。

自分のことを棚に上げて、他のほうを厳しく問い詰めるのは人間の常ですが、とくに浮気については、自分のほうに大甘です。

むろん、これを夫の身勝手というのは簡単ですが、その裏には次のような理屈が考えられます。

まずそのひとつは、夫の浮気は外で出してくる、放出してくるだけなのに対して、妻の浮気は外から受け入れてくる。いわゆるとり込んでくるだけ意味が重い、という考えです。とくに浮気をした相手の男の残渣《ざんさ》が、もしかして妻の体（膣《ちつ》）のなかに残っているのではないか、と考えることは、夫にかぎりない嫌悪の感情を抱かせます。

この生理的な理由にくわえて、妻が他の男に体を許すことは、その男を精神的にかなり愛しているからだ、という思いこみです。

これは男の身勝手というより、自らの経験も含めて得たもので、男は愛はなくても女を抱ける。しかし女は愛がなくて男に許すことはない、という思いこみです。

自らのセックスを売りものにしている女性はともかく、一般の素人の女性、人妻などはある程度好きな人にしか体を許さない。

要するに、妻の浮気のほうが精神性が強い、という思い。これが一層、夫を暗く憂鬱《ゆううつ》な気持ちに追いこみ、さらには異様な屈辱と怒りをかりたてます。

この生理の嫌悪感と精神の深さ、この二点から、夫たちは浮気した妻に怒り、悲しみ、失望します。そしてそれを家庭内はもちろん、外にも爆発させ、大きな問題になることも少なくありません。

しかし近年、この種の激情型は次第に減り、一人で嘆き悲しみ、さらにはそれをきっかけにEDに陥ったり、自らを卑下する内攻型が増えているようです。

それとともに、妻の浮気の気配を察しても、あえて目をつぶり、見ようとしない夫も多いようです。

これも女が強くなった故か。いずれにせよ、夫に怪しいと思われても、妻は決して白状しないことです。

かつて、夫たちが浮気現場を妻に発見されても、なおこの女性とは関係していない、といい張ったように、妻もどんな証拠をつきつけられても、ただ会って一緒にいただけ、といい張るべきです。

夫はもともと浮気しないでいて欲しい、と願っているのですから、やがて妻の強弁を受け入れ、納得しようとします。

もちろん、これらは浮気はしても離婚する気がないときにかぎりますが。

いずれにせよ、自分の浮気は軽くみて、「たいしたことはない」といい張るわりには、夫たちは妻の浮気には激しく衝撃を受け、深く落ち込みます。

しかしいま、妻の浮気が増えていることは確実で、ある報告では東京のような大都市では妻の二割は浮気をしている、ともいわれています。

第7章　夫の実家とその両親

夫のプライド

夫にとって、自分の実家は、多くの場合、自分の生まれたところであり、そこには当然のことながら自分の両親が住んでいます。

まさしくそこは、夫が成長した場所であり、夫の生の原点です。

この実家について、夫はどのように思っているものなのか。

ここでまず問題になってくるのが実家のありようで、十人いれば十色でさまざまです。

たとえば経済的に、きわめて裕福なところもあれば、反対に大変苦しいところもあるでしょう。社会的にも地位が高く、有名な家であることもあるし、無名なところも多いでしょう。

このあたりは、妻のほうで結婚する前からかなりわかっているわけですから、夫の実家が貧しかったり無名だからといって、とくに不満を並べたてることはないはずです。

それより問題なのは、こうした実家に対する夫の思いや態度です。

この点については、夫が長男であるか次男であるか、また両親や兄弟、姉妹関係などがどうであるかによっても、いろいろ変わってくると思われます。

こうした個々の違いは別として、総じていえることは、一般に夫というものは、自分の実家に対して、それなりのプライドというか自信をもっているということです。

それも、妻が思っている以上にかなり強く、頑固にです。

大体、夫というか男というものは女性に比べて照れ屋で、恥ずかしがり屋です。したがって自らはっきり自分の考えをいうことはあまりありませんが、だからといってなにも考えていないわけではありません。口には出さなくても、心のなかではさまざまな思いが渦巻いているのです。

そして、その典型的なものが実家への思いです。

したがって妻たるもの、滅多なことで夫の実家をけなしたり、蔑《さげす》むものではありません。

初めに記したように、実家は夫の生の原点ですから、そこをけなすことは、夫の人格そのものにケチをつけるのと同じようなもので、夫が怒りだすのは当然です。

むろん、妻も同じようなことをされたら怒るでしょうが、概して、夫の怒りかたのほうが大きく、その裏には、夫という種族が共通にもつプライドの高さが秘められているからです。

こうした感覚は、何百年も続いてきた日本の家父長制と男尊女卑の思想、そして男本来の保守性などが絡んでできたもので、一朝一夕に成されたものではありません。さらに忘れてならないことは、夫は妻が思っている以上に生真面目で、保守的な生きものだということです。

この傾向は都市より地方に、無名の家より名のある旧家に、さらには次男より長男に、色濃く残されています。

当然、それをふまえて対応すべきですが、いずれにせよ、夫の実家をけなすことは夫本人をけなす以上に、しこりになることが多いので、くれぐれも注意が肝要です。

惹かれ合う男と女

一口に夫の実家といっても、そのなかには家風から経済状態、世間的な立場、そして夫の父母、兄弟、姉妹の関係など、いろいろな問題が含まれています。

その具体的なことについては、家によってさまざまで一概にいえませんが、ここでもっとも問題になるのは、夫の父母、いわゆる両親との関係です。

妻にとって、夫の両親はいずれ同居するかもしれないし（地方の家に嫁いだ場合はとくにその可能性が高い）、同居しないにしても、いつか介護など面倒を看《み》ることになるかもしれないだけに、無関心ではいられません。

この姑《しゅうとめ》と嫁、そして舅《しゅうと》と嫁との関係は婚姻関係が解消されない限り続くもので、とくに前者は、いわゆる嫁姑の問題として、これまでも多くのところでとりあげられてきたことですが、この原点には、やはり男と女の関係があると思われます。

すなわち、基本的に男は女を好み、女は男を好むという事実で、このことはまた、女は女に反発し、男は男に反発する、という構図になります。

以上は人類の永遠の真実で、それ故に嫁姑とのあいだで争いが生じるのは、ごく自然の姿、といっても過言ではないでしょう。

しかし現実にトラブルが生じてみると、それは自然のことだからといって安閑としているわけにはいきません。

なぜなら、嫁と姑がしっくりいかないとしても、その姑は夫を産んだ女性で、夫がもっとも大切に思っている人だからです。

むろんこの場合、妻への思いとは別のものですが、夫が母を思う気持ちは多くの場合、夫が父のことを思う気持ちよりは強く、ときには妻への思いをはるかにこえることさえありえます。

このように、夫（息子）と母との関係は理屈でなく、生理そのもののようなものですから、これだけは妻といえども、容易に対抗できるものではありません。

それだけに、妻たるもの、みだりに夫の母、すなわち姑を批判したり、非難することは避けなければなりません。うっかり批判してしまったときに、夫は黙って聞いているようにみえて、その実、心のなかではかなりこたえていることが多く、それだけにある限界をこえると、突然怒りだす夫も少なくありません。

これに比べたら、夫の父への批判はまだ許せるというか、一応、我慢できるのが、一般的な夫の心情です。

しかしこれを逆に妻の側から見たら、お義母《かあ》さんは嫌いだけど、お義父《とう》さんは好き、ということになります。

実際、わたしの知っているさる料亭の若女将《わかおかみ》は、あるとき、「お義母さんは厳しくて、死んで欲しいと思ったときもあったけど、かわりに、お義父さんが優しく慰めてくれて、とても助けられた」と述懐していましたが、これなど男と女の関係を表す典型的な例かもしれません。

いずれにせよ、嫁と姑とはうまくいかないのが、むしろ自然というわけで、そう考えたら、お互いあまり踏みこまず、当たらず障らずの関係でいるのが、賢明なつき合いかたといえそうです。

しかしそんななかで、ときに嫁と姑がきわめてうまくいっている例もないわけではありません。そのひとつの例は、夫、すなわち姑から見ると息子が、きわめて道楽者か遊び人である場合です。こういう状態では、当然のことながら妻は夫に愛想をつかし、やむなく義母に馴染むことになり、姑のほうも、うちの息子のおかげで、お嫁さんに迷惑をかけて申し訳ないという思いがあって、嫁のほうを応援したくなってきます。

要するに、夫が悪いが故に、姑と嫁が連合軍をつくるケースで、皮肉ないいかたをすると、悪い夫が嫁と姑を仲良くさせる、といってもいいでしょう。

しかし、これはやや古いパターンで、最近はどちらかというと、夫と妻、すなわち姑からみると、息子と嫁が仲良すぎて、姑がおきざりにされ、それ故に嫁に意地悪したくなる、というケースが多そうです。むろん、こんなケチなことをいわず、息子と嫁が愛し合うのを楽しく見守っているお姑さんも多いとは思うのですが。

いずれにせよ、夫と妻と夫の母親と、三人いたら、どちらかと結んで、二対一になるのはある程度やむをえないことで、それにいちいち目くじら立てるのも大人気ないことです。

ただここで一点だけ忘れてならないことは、夫たちのほとんどは、母とも妻とも、同じように仲良くやっていきたいと思っていることです。

この裏には、妻とはいわゆる異性への愛であるのに対して、母に対しては母胎への回帰とでもいうべき、いわゆる生理的な愛で、この両者は基本的には違うという思いがあるからです。

こう考えるとあまりいがみ合うこともないはずですが、ときにお互いの説明不足にくわえて、夫と妻、相互の理解力のなさから、さまざまな問題がおきるのもまた避けられないことかもしれません。

いずれにせよ、これらトラブルを避ける最良の方法は、夫の実家とはつかず離れず、ほどほどにつき合うことで、妻の英知が必要とされるところです。

面倒を避ける

夫婦が全体として、夫と妻、どちらの実家により強く傾いているかということも、微妙で重要な問題です。

現在は、夫が長男でも実家と離れて生活しているケースが多いのですが、こういう場合、当然のことながら、正月やお盆のときなどには夫の実家を訪れることになります。

それは普段、両親と一緒にいないことへの罪ほろぼしとともに、年に一、二回、妻を実家に連れていって夫の両親と親しくさせ、夫の家風に馴染ませるという目的も潜んでいます。

むろん子供がいる場合は、孫を祖父や祖母に見せて喜んでもらうことも、大事な親孝行になります。

このように、正月やお盆に夫の実家に行くことは、実家から出て生活している夫婦の義務のようなものでもありますが、これと妻の実家に行く回数とを比べると、一般的に前者のほうが少ないようです。

このことから、嫁に来たのに、肝腎の嫁はもちろん、息子まで妻の実家のほうにだけ行ってけしからん、と不満を洩らす義父や義母も多そうです。

この傾向は、年々強くなっているようですが、その裏には、家庭における夫と妻との微妙な力関係が影響していると思われます。

それというのも、概して妻は自分の実家に行ったほうが気が楽なうえに、夫も、妻の両親などに大事にされるので居心地がいいために、つい妻の実家に行く回数が増えるという事実です。

これに対して、夫婦で夫の実家に行った場合は、妻は義父母の二人にかしずかねばならず、それで妻が疲れたり不機嫌になられては面倒とばかり、夫も自分の実家を避けるようになり、それがますます夫が実家から遠ざかる原因になっているからです。

いずれにせよ、世の中の夫たちは妻に不機嫌になられることが一番怖く、それを避けるためには多少のことは我慢しよう、というタイプが多いのです。

以上のことからわかってくることは、面倒なことには関わりたくないという夫の態度で、これは現代の多くの夫たちに共通する傾向、といってもいいでしょう。

では、なぜそうなのか。

これには、さまざまな理由が考えられますが、まず第一に、夫が会社や仕事に出て疲れていることです。家に戻ったら、あとは暢《の》んびりテレビでも見て休みたいと思っているときに、細々《こまごま》とした家庭の問題をもちだされるのはうんざり、というのが本音です。

くわえて、もともと男というのは、女性のようには黒白はっきりさせない曖昧《あいまい》な生きもので、それが社会に出て年齢《とし》を経るにつれてさらに強くなり、自ら決定する立場に立つことを極力、避けようとします。

こうして、夫は家父長としての権威を失墜するとともに、自らの決定責任まで放棄するようになっていきます。

具体的にいうと、子供の教育方針から進学問題、また子供の男女関係から結婚問題、さらには嫁姑の問題から両親の介護、そして最後には、自らの老後の問題まで含めて、いろいろな問題が未解決のまま、年齢だけとっていきます。

このように、「面倒なことには関わりたくない」から「面倒なことは先送り」の体質は年齢とともに強まり、これが妻を苛立《いらだ》たせ、妻の不信感をかきたてる原因にもなっています。

しかし、ここであえて夫を弁護すれば、もともと夫というものは、それらをてきぱきと決められるほど、強く、逞しい生きものではないのです。

強く、逞しいと思ったのは、若いときの錯覚で、夫は所詮《しょせん》、妻ほどの強さも潔《いさぎよ》さももっていないのです。

それでは、夫とはなんなのか、とき返されそうですが、家に収入を運んでくることを除けば意外に弱く、頼りにならない生きものだということです。

もちろんその裏には、男独特の曖昧さからくる優しさと、穏やかさももちあわせています。

これからの妻たちは、夫たちの弱さを充分知りつくしたうえで、そうした夫と、さらにその夫の実家や兄弟姉妹たちと、いかに友好関係を保っていくかが重要なテーマとなってきます。そしてその成否はまさに妻の双肩にかかっているわけで、この傾向は、夫婦が年齢をとるにつれて一層強まると思って間違いありません。

第8章　妻の実家とその家族

大切にされる夫

夫にとって、妻の実家はある意味で、新鮮で緊張を呼ぶ場所であるとともに、また居心地のよい憩《いこ》いの場でもあります。

初めの、新鮮で緊張を呼ぶというのは、夫にとって未知の、馴染みのない場所であるからで、それは妻の両親、そして兄弟姉妹に対しても同じことがいえるでしょう。

とくに、妻の両親が結婚に反対であったような場合、夫の、妻の実家に対する親近感は薄れ、ときには近づくことさえ、避けるようになりかねません。

もっとも、こうした例はごく稀《まれ》で、多くは両方の両親とも合意のうえで結婚するわけですから、夫が妻の実家を避ける理由はないはずです。

要するに、結婚にいたるまでの過程が問題で、夫となる男性に、妻の両親が好意的であるか批判的であるかによって、大きく変わってくると思われます。

当然のことながら、好意的である場合には、夫は婚約中から何度も出入りして、妻の両親とも馴染みになっているだけに、行き易い場所となるでしょう。かわりに批判的であった場合は、ややもすると足が遠のくのは、やむをえないことです。

以上は、結婚するまでの事情による影響ですが、結婚することによって夫と妻の実家との関係は一層、親密になってきます。

まず、婚約中から妻の両親が夫となる男性に好意的で、結婚してからも両者の関係が良好である場合。こういうケースでは夫は妻の実家によく馴染み、ある意味で憩いの場ともなってきます。

この夫が、妻の実家に馴染む最大の要素は、妻の母親の存在で、夫にとっての義母が、夫を可愛がり、優しく接すれば接するほど、夫は実家に馴《な》つくことになります。

このあたりは前章に述べた、男と女の関係からも納得のいくことで、概して、義母は娘の夫に優しく、義父は娘の夫にやや厳しいものです。

それは、義母にとって、娘の夫は新しく入ってきた息子のような存在であるのに対して、義父にとっては、愛しい娘を奪った男、という思いが残っているからです。

とくに、妻の実家が娘ばかりで息子がいないような場合、義母にとっては、娘の夫が新鮮で愛らしい存在に思えてきます。

むろんすでに息子がいれば、それほどの新鮮さはないかもしれませんが、それでも、いうことをきかない息子より、他人であるだけに礼をわきまえている娘の夫のほうが可愛い、ということは、ありうることです。

さらに妻の兄弟姉妹の場合、なかでも女性の姉妹にとって、姉なり妹の夫はやはり珍しく新鮮な存在で、それだけに馴つき、親しくなる可能性は高いでしょう。

一方、夫のほうも、妻の実家が大切にしてくれればくれるほど、馴つくようになりますが、くわえて夫が次男か三男で、自分が実家であまり大きな顔をできないような場合には、妻の実家に馴染む度合いはさらに強まると思われます。

しかしそういう夫でも、妻の実家に男の兄弟がいると、父親と同様、男同士というこだわりもあって馴染みにくく、少し距離をおく場合もあるでしょう。

ただここにも例外がないわけではなく、姉妹といっても互いに仲が良くない場合は馴つかず、兄弟でも一人であったり、年齢《とし》が違うような場合は、姉妹の夫を実の兄弟のように思い、仲良くなることは充分ありえます。

いずれにせよ夫にとって、妻の実家の女性たち、すなわち義母や義姉妹たちとは馴染み易く、義父や義兄弟たちとはやや馴染みにくい、というのが一般的な傾向かもしれません。

実家へ帰る妻

お盆や正月休みなどに、夫の実家と妻の実家のいずれに行くか、ということは、現代の夫婦のありかたを考えるうえで、重要なポイントとなります。

そこで現在の都会に住む一般的な夫婦について考えると、七対三か八対二くらいの割合で、妻の実家のほうに行く夫婦が多いといわれています。

この理由は、いうまでもなく、妻の実家のほうが、妻が気楽で疲れずにすむとともに、夫のほうも婿として大事にされて居心地がいいから、といわれています。

これはたしかに正直な本音で、こういうことを理由に、堂々と妻の実家に行く夫婦が増えたことは、家庭のなかでの妻の立場が強くなったからだと思われます。

しかしこうした時代的な理由からだけでなく、もともと妻は実家と密接であるほうが現実的な面で、いろいろメリットがあることもたしかです。

たとえば妊娠から出産に当たって、実の母親に看てもらったほうが安心であり、さらに育児となると、圧倒的に実の母親のほうに頼みやすいし、我儘《わがまま》もいいやすい。

むろん、夫のお母さんも、そのあたりのことについては充分ケアをしてくれるでしょうが、妻の立場に立ってみると、やはり気疲れすることは間違いありません。

さらに夫も妻のことを思い、子供のことを思うと、妻の実家に頼んだほうが間違いないと考えるようになります。

くわえて、妻はなにかといえば実家に帰り、食事はもとより、生活に必要なものをいろいろ運んできて、妻の実家もそれを受け入れます。とくに互いの家が近いときには、その頻度はさらに増すでしょう。

このように、妻が実家に密着すればするほど、夫も妻の実家に入り込むようになり、気がつくと、妻の家族の一員になっているようなことも珍しくありません。

かくして、夫婦で妻の実家のほうに傾斜する度合いは強まるばかり。

ときには、妻は実家に行ったまま、長期にわたって帰らないということもおきかねません。

とくに出産や、育児を両親に頼んだのをきっかけに、妻が実家にとどまる例は多いようです。

それでも夫婦仲がいいときは、さほど問題にならないでしょうが、悪い場合、たとえば夫婦喧嘩《げんか》をきっかけに、妻が実家に戻って帰らないような状態が続くと、夫婦の危機になりかねません。

こうなると、妻の実家が、いわゆる妻の逃げ場になるわけで、夫が妻の実家に頭を下げにいく情景はテレビドラマでもまま見かけることです。

いずれにせよ、こうした情景は、女の、そして妻の立場が強くなったから生じてきたことで、以前なら、夫と争って帰ってきた娘を、実家でも、我慢が足りないといって、受け入れなかったはずです。

かつて、「女、三界《さんがい》に家なし（女はどこにも安住できるところはない）」などといわれましたが、それもいまや死語で、嫁いでも女は頻繁にかつ堂々と実家に戻ってくる例が多いようです。

こんなことから、子供をもつなら女の子のほうがいい、男の子は、ようやく育てて一人前になったと思ったら、外に出てほとんど戻らず、結婚すると、妻側にべったりになるのだから虚《むな》しい、と嘆く母親が多いのも当然かもしれません。

いずれにせよ、夫が妻の実家側に惹《ひ》かれ気味なのは、時の趨勢《すうせい》でこの流れは強まりこそすれ、弱まることはないでしょう。

夫の回帰

ここまで読んでくると、夫と妻の実家との蜜月は揺るぎない、と思われますが、しかしだからといって絶対的とはいいきれません。

ここにも歳月とともに徐々に緩《ゆる》みというか、綻《ほころ》びがでてきます。

まずその第一は、孫の育児のことで、共働きの夫婦の場合、妻の実家に子供をあずけることがもっとも安心であったのに、子供の成長とともにさまざまな問題がでてきます。

そのひとつは、妻の両親の孫に対する甘やかしで、そこから教育上のトラブルが生じてきます。この点は夫の両親も同様ですが、接触する機会が少ない分だけ罪が軽いともいえます。

それにしても、自分たちの都合で子供をあずけ、途中で甘やかしすぎる、お祖母《ばあ》ちゃんやお祖父《じい》ちゃん子になるといって文句をいうのも、勝手すぎるかもしれません。

この問題は孫が大きくなるにつれてさらに広がり、中学から高校にすすむようになると、あずける必要もなくなり、それとともに妻の実家とはやや疎遠になっていきます。

こうした傾向は、やむをえないといえばそのとおりですが、もともと子供を見てもらったり、妻の実家からいろいろなものを運んでくるという現実的な理由から生じたことだけに、その必要性がなくなるにつれて疎遠になってゆくのは、ある程度仕方がないのかもしれません。

当然のことながら、この妻の実家との疎遠は、妻より夫のほうに顕著で、ここから長く続いた蜜月時代は徐々にくずれてきます。

こういう状態は結婚して十五、六年から二十年近く経ち、自分たちの子供が独立するころからとくに顕著になってきます。

しかし見方を変えれば、こういう問題は新婚ほやほやであった夫婦がようやく自分たちの家庭を築きあげた証しであり、同時にこのころから、妻の実家の両親が弱るか、亡くなっていくことにも原因がありそうです。

そして最後に、自分たちの子供が自立するころには、夫は妻の実家を訪れることはほとんどなく、たまに訪れても、冠婚葬祭の儀礼的なことだけになりかねません。

これに反して、夫の実家との関わり合いは年齢《とし》をとるとともに密になり、夫の実家の冠婚葬祭などがある度に、一段と深まっていきます。

要するに、年齢とともに夫は再び実家へ傾きかけるわけで、この動きは振り子に似て、若いときは自分の妻の実家に馴染み、年齢とともに再び実家へ戻っていくケースが多いようです。

このあたりは、男性独特の帰巣《きそう》本能、とでもいうべきものかもしれません。

そしてこの事実を知れば、夫の両親は、いっとき息子が妻の側になびいたからといって、それほど嘆くことはないことがわかってきます。

いまはそうでもいずれ戻ってくる。そう思えば納得できるはずですが、いざ現実となると、そう先の先まで待っていられないのが親の気持ちかもしれません。

いずれにせよ、夫にとって妻の実家は若いときは好奇心を満たす新鮮な場所であり、憩いの場でもあるのです。

しかしやがて、夫の思いは徐々に実家へ戻っていく。

これに比べると、妻はまず自分の家をつくり、その後は、自分の実家と夫の実家を適度に行き来しながら、最後まで自らの巣作りに励み、自らの城を築くことに専心します。

その意味では、女のほうが、そして妻のほうが、はるかに自立して、マイペースで揺るぎない性だということができそうです。

第9章　帰宅拒否症

子供たちに登校拒否症があるように、夫たちにも「帰宅拒否症」とでもいうべきものがあるようです。

こういう症状は、どうして現れ、その実態はいかなるものなのか。

このことについて考えてみることにします。

夫と妻の違い

一般に帰宅拒否症ときくと、ほとんどの人が、夫のことを考えます。

実際、男たちのあいだでは、「あいつは帰宅拒否症だから」などといい、妻たちも、

「あそこのご主人は、帰宅拒否症らしいわよ」と噂《うわさ》します。

なぜ、この言葉が夫だけにつかわれ、妻たちにつかわれないのか、不思議に思う人も多いでしょう。

しかしはっきりいって、妻たちにも帰宅拒否症がないとはいえません。

結婚して間もなく、あるいはしばらく経ってからでも、妻が実家に戻ったまま、帰ってこないケースも、ないわけではありません。

いずれにせよ、妻たちが帰宅拒否症になったとしたら、その背景には一〇〇パーセント近く、夫への嫌悪感があると思われます。

もはや、夫を愛することができなくなって、顔を合わせることはもちろん、家で一緒の空気を吸うのさえ嫌だ。こうなったら、当然のことながら妻たちは家に帰る気がおきず、実家か友人の家にとどまったまま戻らないでしょう。

この他に、ときとして育児への自信のなさからノイローゼになったり、さらには姑との不和などから、嫁ぎ先に戻らない例もあるでしょうが、それらをすべて含めても、帰宅拒否症になる妻はかなり少ないと思われます。

これに対して、夫の帰宅拒否症の特徴は、必ずしも妻への嫌悪が原因ではないことです。

もちろん、結婚以来何年間かともにいて、妻へある種の倦怠《けんたい》感や飽きを覚えることはあるでしょう。しかしそれが即、妻を嫌いになった、ということにはなりません。

実際見てみると、夫が帰宅拒否症を示すようになったからといって、夫婦仲が必ずしも悪いとはいいきれません。

妻はそんなに嫌いではないけれど、なんとなく家に帰る気になれない。

これが帰宅拒否症の夫たちに共通する症状で、だからこそ、一見、問題なさそうな夫婦のあいだでも頻繁におきるのです。

そこで、帰宅拒否症にとらわれた夫と妻、両者の観察から次のことがわかってきます。

妻たちが帰宅拒否症に陥る場合は、夫への嫌悪が原因で、それ故に、ほとんどが離婚という結果につながる。しかし夫たちの帰宅拒否症は、妻への嫌悪という理由は薄いので、現実に離婚にまですすむことは少なく、一般的にはだらだらと続くことが多い、と。

酒で癒す

帰宅拒否症のもっとも重い症状は、いうまでもなく、なかなか自宅に帰ってこない、ということです。

しかし帰ってこないといっても、帰宅が遅くなるだけで、十時、十一時から、ときには午前様になっても、帰ってくることは帰ってきます。

とはいっても、翌日は仕事があるわけですから、平日ではそうそう遅くなるわけにはいかず、午前様になるのは、翌日が休みの、金曜か土曜日の夜にかぎられます。

この遅い帰宅にくわえて、この症状に多いのは、ほとんどが酔って帰ってくることです。

会社に近い都心部のクラブやバーや、キャバクラ、さらには近所の飲み屋かはともかく、酔って帰ってくるため、妻はその処置に困り、腹を立てて放置しておくことも多いでしょう。

しかし、たとえ泥酔していたとしても、酔っていればいるほど、女性関係とは無縁ということができそうです。

実際、そんな遅くまで酔っていては、他の女性と深い関係になることは難しく、たとえそこまでいかなくても、女性に好まれることはないからです。

では、遅くまで夫たちは酒を飲みながらなにをしているのか。

この場合、もっとも多いのは、会社に関わることで、同僚とともに、仕事のことや上司のこと、さらには部下のことなどでいろいろ不満を訴えたり、愚痴をこぼし合い、さらには慰め合ったりと、中味はさまざまです。

他には、バーや飲み屋のママや女性たちに甘えたり、からかったり、ときには気のありそうな素振りをして、かすかなスリルやときめきを味わいながら憂《う》さを晴らす。

結局、アルコールと自由に語り合える仲間と、この二つの助けによって、その日一日の苛々《いらいら》を癒《いや》し、明日また仕事に就く意欲を養っているわけで、その意味では、精神の蘇《そ》生《せい》に役立っているともいえます。

むろん、だから酔って遅く帰ってきてもいい、という理屈にはなりませんが、概してこういう夫たちは、精神的にややひ弱で、ナイーブで優しい分だけ、傷つき易い男であることもたしかです。

素面で遅い例

帰宅拒否症の主な症状が、酔って遅く帰ることだとすると、それとは別に、とくに酔いもせず、遅く帰ってくる夫たちもいないわけではありません。

見方によっては、こちらのほうが重症で、その内容もさまざまなことが考えられます。

まず、麻雀《マージャン》や博打《ばくち》などの賭け事が好きで、容易に帰ってこない夫たち。

これらは、遊びの中味によりますが、一度のめりこむと容易に治らず、ときに家庭崩壊にまですすむことも珍しくありません。

それというのも、飲んで憂さを晴らすのは、多少とも明日の仕事につながりますが、博打や賭け事となると、明日につながるどころかマイナスになる可能性がはるかに大きいからです。

したがって、この種の理由で遅く帰ることが多くなったら、かなりの危険信号と考えてもいいでしょう。

さらにいまひとつ、素面《しらふ》の遅い帰宅で問題なのは女性関係です。外に好きな女性がいる、あるいはすでに際《つ》き合っている女性がいて遅く帰ってくる例。これらは飲んで遅いとか、麻雀などで遅い以上に問題で、当然のことながら夫婦間のトラブルにまで発展することも少なくありません。

もっとも、こういう症例は少し慎重に観察していればわかることで、この病気にかかった夫たちは、毎日、遅いわけではありません。要するに、日によって波があり、その都度どこか秘密めいた気配が見えかくれするのが特徴です。

さらに、朝、出かける前からなにかそわそわして、ネクタイやワイシャツなど普段あまり気にかけないことに気配りしていることなどからも、察しがつくはずです。

大体、女性に比べると、男は一見緻密《ちみつ》そうに見えて、どこか抜けているもので、とくに女性関係では、ボロが出やすいものです。

このあたりは、少し冷静な妻たちなら見分けるのに、そう苦労はいらないでしょう。

他に、映画や芝居、音楽会から、さまざまな会合などに幅広く顔を出し、なかなか家に帰ってこない夫もいます。

これらは、他の例から見るとかなり健全で、趣味や教養にあふれた人といえそうですが、なかには誘われると断りきれず、人づき合いはいいが気の弱い人も含まれます。

むろん、これらの会に女性と出かける人も少なくありませんから、油断は禁物です。

しかし、概してこの種の夫たちは精力的で、かつ好奇心旺盛《おうせい》で、ときにマニアックな凝《こ》り屋であることも少なくありません。

他に、最近増えてきているのが、さほど仕事もないのに、会社に残ってぐずぐずしている夫たちです。

残業があるならともかく、そうでもないのに仕事あり気《げ》にして帰らない。その間、やっていることといえば、パソコンを覗《のぞ》いて一人で遊んでいたり、なかには居眠りしている人もいるようです。

こういう夫たちの多くは、家にいるよりは誰もいない会社で、自分の机の前に座っているほうが落ち着いて、安心できるわけで、拒否症のなかでも新しい孤独タイプといえそうです。

その原因と治療

これまで、帰宅拒否症のさまざまなタイプについて考えてきましたが、興味があるのは、この症状と年齢の関係です。

一般的に、まず新婚当初は、ほとんどといっていいほど、この症状を示す夫はいないようですが、早い例では結婚後一年あたりからぼつぼつ現れてきます。

むろん、五年から十年経つとさらに増し、いずれも悪化こそすれ、改善されることはありません。

しかしこういう時期をすぎて、五十代に入ると、さしもの夫たちも徐々に早く帰ってくるようになり、表面の症状自体は治ってくる例もあるようです。

とはいっても、それは帰宅拒否症を克服したというより、毎夜、遅く帰ってくるほどの体力とスタミナがなくなり、さらに金銭的にも苦しくなって、早く帰らざるをえない、というのが実態です。

いずれにせよ、この症状がでるきっかけとして無視できないのが、家庭の事情です。それもケース・バイ・ケースで一概にはいいきれませんが、まず妻がうるさく夫にまとわりつき、なにかと外の情報を知りたがり、やたらと話しかけてくるような場合。

当然のことながら、夫たちはそういうわずらわしさから逃げたくて帰りが遅くなり、それが常習化していきます。

次に、家に帰っても夫の居場所がないような場合。たとえば夫の個室がなく、夫より子供のほうが大事にされ、妻や子供たちに無視されている。こういう状況の下では、家に帰っても面白くなく、それが積もり積もって遅く帰るようになり、そのためさらに存在感が薄くなっていきます。

また別に、子供たちの教育問題や家のローンのこと、さらに互いの実家や姑などとのトラブルなど、家庭をめぐるさまざまな問題について、解決策や決断を求められ、それにうまく対応できぬうちに、ずるずると帰る時間が遅れてくる。

もともと、夫たちは、そういうごたごたからは極力逃げ、当たらず障らずにしていたいと思っているだけに、この種のことが原因で帰りが遅れる例はかなり多いのです。

他に注意しなければならないのは妻との関係で、妻に飽きてしまったという単純な理由から、徐々に妻が鬱陶《うっとう》しくなったり、さらには嫌いになってきて、最後は顔を見るのも不快などの理由で帰らなくなるケース。

この場合は、ひとつ間違うと夫婦の危機にもなりかねないので要注意です。

しかし、一組の夫婦がともに長くいると、この種のことは往々にしておきがちで、妻に飽きたとか、顔を見るのも鬱陶しいくらいのことは、ある程度やむをえないことです。

それにこういう場合は、妻も夫に対して、それと同様か、それ以上にうんざりしているはずで、そのあたりはお互いさま、というわけです。

いずれにせよ、夫の帰宅拒否症状は夫婦関係のマンネリ化や生活の惰性、緊張感のなさなどから自然とおこるもので、決して好ましい現象とはいえません。

しかし現実に見られる多くの帰宅拒否症の夫たちは、そうした問題点とともに、妻への、さらに家庭への甘えがあることも事実です。

はっきりいって、彼等の多くは自分が遅く帰っても、妻がしっかり家を守ってくれているから大丈夫、という安心感を心のなかに秘めていて、だからこそ多くの場合において、さほど問題にならないのです。

そんな、一方的にわたしを頼りにされても困るという妻もいるでしょうが、帰宅拒否症の夫たちの多くが、妻を信頼していることはたしかです。

そして、さらにここから一歩踏みこんで夫たちの心の内側を覗けば、帰宅拒否という行動の裏に、男特有の、自由であることへの夢が潜んでいることもたしかです。

もともと、男は女に比べて落ち着きのない、定まらない性です。

女が常に結婚を望み、子供を産み、巣作りに励むのに対して、男は結婚して子供をつくりながら、目は常に外に向いているのです。女のように一点にとどまれず、常にきょろきょろして浮わついて、そのくせ小さくてもいいから自由なエリアを自分の周りに確保しておきたい。

帰宅拒否症は、まさしくそうした夫たちの、ささやかな願望の表れでもあるのです。

このまま家に帰ってしまったら、もはや妻や子供たちのなかに埋もれて、なにか思いついても自由に電話をしたり、出かけることもできなくなる。

現実にそういうことをする気がなくても、家に戻ってしまったら、もはや巣にとり込まれるだけで、自由はなくなる。

そうした漠然とした閉塞感《へいそく》が、帰宅拒否症の根本に潜んでいるのです。

したがって、この症状は夫というか雄だけに多く発生する、「反逆の甘え病」とでもいうべきもので、なかなか治療の困難な病気でもあるのです。

しかし、妻や子供の対処の仕方によっては、かなり改善される余地はありますが、ことさらに目立つようにやると、逆効果になりかねません。

たとえば、妻が急に美しく着飾ったり、優しい声で接したりしては、夫はかえって怯えて症状が悪化しないともかぎりません。要はほどほどに、さり気なく優しく振る舞うことで、それによって夫は徐々に家にいることに安心し、居心地のよさを実感していきます。

もっとも、なかにはその程度では効きめがないこともありますから、そういう場合には、思いきって妻は外に出て、夫より遅く帰ってくる。

こうすれば、かなり重症の夫も、早く帰ってくるようになってきます。

帰宅拒否症は、妻が鬱陶しく、家にいると妻に拘束されているように思うのが原因ですから、妻の不在は、重症の夫に対する、最後の外科的手術といってもいいでしょう。

むろん、これで著《いちじる》しい効果をあげることもありませんが、ときに効きすぎて、大喧嘩になることもないわけではありません。

いずれにせよ、症状に応じて治療法を選ばなければなりませんが、ひとつだけはっきりいえることは、いずれ夫が四十代から五十代になり、気力も体力も衰えてくるにつれて、徐々に治ってくることです。

そして定年にいたれば、ほぼ全例が自然治癒にいたることは、まず間違いありません。わたしの知人でも、六十歳をこえた夫たちはほとんどといっていいほど、用事が終わればまっ直《す》ぐ家に帰ってくるようになり、帰宅を拒否している夫などまず見当たりません。それどころか出かけたはいいけど、帰ってくるのが早すぎるといって嘆いている妻たちも少なくありません。

このように帰宅拒否症は、まだ若くて元気がある証拠で、いずれ、いやでも早く帰ってくるようになるのですから、さほど心配ないのが大半です。

第10章　専業主婦願望

共働き夫婦は二〇〇〇年の調べによると、全家庭の四四・九パーセントで、約五割を占めています。

これほど多くの夫婦が共働き状態であるときに、夫の専業主婦願望はいかにも時代遅れというか、夫婦の実情を知らぬ一方的な考えのように思われるかもしれません。

しかしそれは充分承知の上で、なお夫の専業主婦願望は依然として強いのです。

むろん、そうした思いを、夫たちははっきり声に出していうことはあまりありません。夫たちも、それがいささか時代に逆行する古い考えであることはわかっているからです。

でも、心のなかでは、この願望はなお脈々として生きているのです。

たとえ古いといわれても、時代に逆行しているといわれても、いや、そうであるからこそ、逆に、自分の妻がいつか専業主婦になることを願っているのです。

そんなことをと、驚く女性も多いかもしれませんが、この願望を理解するためには男の隠された心の内側を探ることが必要になってきます。

共働きへの理解

現在、これから結婚する若い男性に、「妻が働きに出てもいいか」と尋ねると、ほとんどの人が「かまわない」と答えるようです。さらに現に共働きしている夫のほうにきいても、若いうちはほとんどが、「かまわない」と答えます。

この共働きを容認する理由には、さまざまなものが考えられます。

まずその第一は、経済的理由です。共働きのほうが生活が楽だし、マンションのローンも払い易い。また、自分のお小遣いも増えて、仕事以外の生活もエンジョイできる。さらに子供が生まれると、養育費や教育費にもいろいろお金がかかるから、収入は多いほうがいい。

以上が、共働きをよしとする夫婦たちの一般的な意見で、これはこれでわかり易いというか、納得し易い理由です。

次に考えられるのは、妻の仕事というか、才能を伸ばしてやりたいという気持ちです。

夫婦のいる世帯の就業状態

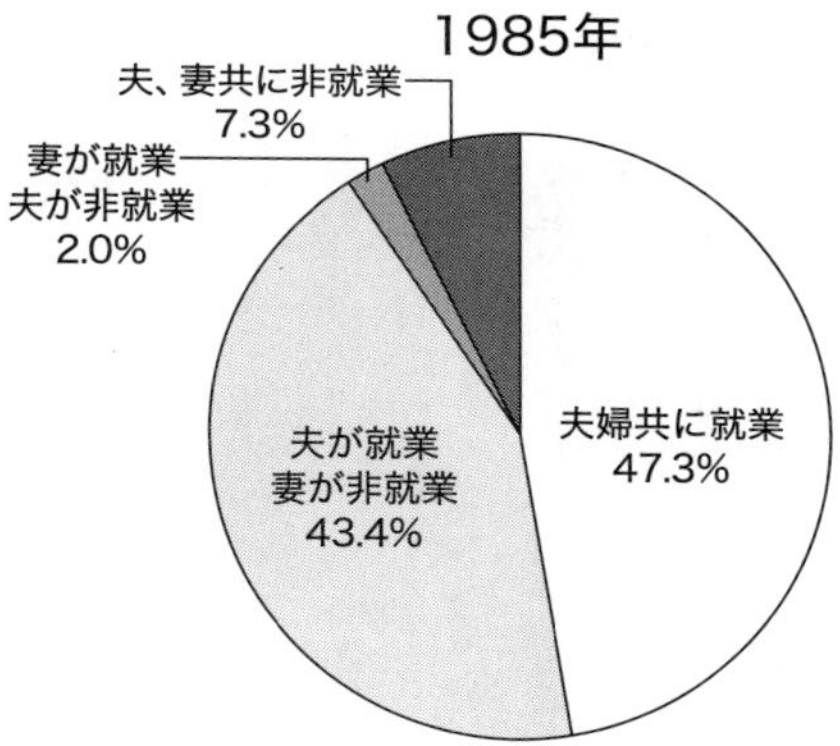

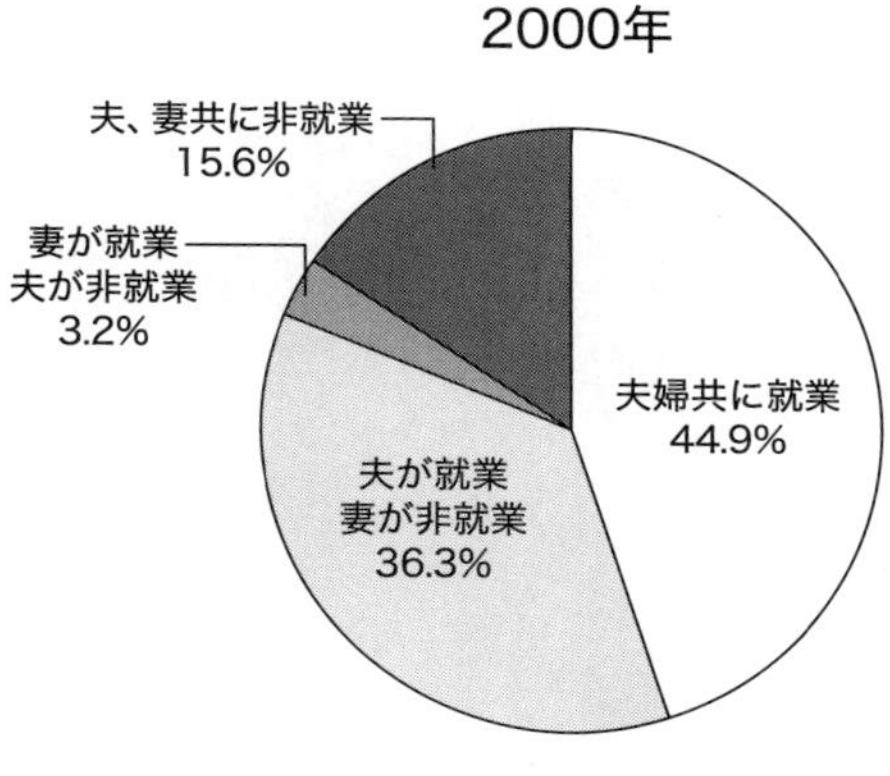

総務省統計局「国勢調査報告」による。

もう少し大袈裟にいうと、女性の社会進出に理解のあるところを示したいという思いです。

これらは新しい時代の男性としては当然で、そのかぎりにおいては、望ましいといっていいでしょう。

第三には、妻は妻、自分は自分と、相互に自立した関係を保ちたいとするタイプで、変にべたつかない分だけ淡々として、古い世代の人たちには、離れすぎていると映ることがあるかもしれません。

そして第四には、外で仕事をするより、家で暢《の》んびり自分のやりたいことをしているほうがいい、というタイプで、これが高じると、いわゆる「ヒモ」に近くなってきます。

以上、共働きを容認する夫を四つの型に分けてみましたが、第三と第四はやや特殊で、少数派かと思われます。

といっても、第四のようなタイプの男は暖かい南の国には結構多く、日本でも111ページの図からもわかるように、かなり増えています。

それといまひとつ注目されるのが、夫も妻も働いていないケースで、二〇〇〇年に一五・六パーセントもいるとは驚きです。

年金で暮らしている夫婦も入っているとはいえ、若い世代の面倒をみている夫婦も少なくないでしょう。

夫が共働きを容認する理由のなかでとくに注目しなければならないのは、第二の理由です。

妻の才能を認め、女性の社会進出には賛成といっても、それは総論で、各論になると微妙に変わってきます。それというのも、男は好きな女性を射止めるために結構、調子のいい、彼女が喜びそうなことを平気でいうからです。

彼女が結婚後も仕事をしたいといったら、もちろん賛成だといい、家事や育児についても、積極的に協力すると約束しますが鵜呑《うの》みにはできません。

大分前テレビで、農村にお嫁に行った女性が、夫への不満を訴えているシーンがありました。それによると、結婚前は、親とは別居する、農作業はさせない、年に一度は外国へ連れていく、などといっていたけど、どれひとつとして実現されていないというのです。

この例を見るまでもなく婚約中の約束を忘れて、結婚後、妻が仕事で外に出ることを、あまり好ましく思わなくなる夫もかなりいるようです。

もちろん妻から見れば、「結婚前には賛成してくれたのに、なにをいまさら嫌な顔をするの」ということになりますが、このあたりが夫の心理の微妙なところでもあるのです。

妻にかしずかれたい

すべての男たちは、結婚するに当たってそれなりの夢を描きます。それは妻たちが夢見るのと同様ですが、その内容はかなり違っているともいえます。

そこで一般的な夫たちの夢ですが、まず仕事を終えて帰ってきたら、優しい妻が家で待っていて、「お帰りなさい」と迎えてくれること。そして食事をはじめ、さまざまな面倒を見てくれて、やがて気持ちが高ぶってきたら、二人だけの愛の時間をもてること。

むろん夜はともに休み、翌朝、また妻が夫より先に起き、朝食の支度をしてくれて、「行ってらっしゃい」という妻の言葉で送り出されたい。

これらは、女性に理解ある、ない、に拘《かかわ》らず、夫たちがごく自然に描く夢で、男の本能的な願望といってもいいでしょう。

むろん、妻に飽きたとか、妻が鬱陶《うっとう》しいという場合は別ですが、それは結婚後かなり経ってからのことで、少なくとも新婚当時は、ひたすら妻にかしずかれる自分の姿を夢見て、そうなることを期待しているのです。

当然のことながらその見返りとして、夫はきちんと会社に行って働き、妻を養うことはいうまでもありません。

ここまで書くと、女性の多くは、「なんだ、それじゃ昔の男と同じじゃない」と、呆れるかもしれません。

たしかにそのとおり、ほとんど変わっていないのですが、これが夫というものの実態であり、彼等に共通した夢でもあるのです。そして夫たちは、専業主婦の妻をもっている上司や友人などを、どこかで羨《うらや》ましく思っているものです。

言葉ではいわなくても、心のなかでは、いつか自分もあの上司のように妻にかしずかれたいと願っているのです。

それはいまだに、妻たちが、ステキな王子さまのような男性に愛され、豪華な家で、贅沢三昧《ぜいたくざんまい》に暮らしたい、と夢見るのと同じです。

要するに、男女の愛や、結婚生活に対する夢や期待は、昔も今も、表面的なポーズはともかく、基本的にはなにも変わっていない、ということです。

こう見てくると、夫たちが夢見る結婚生活は、共働きの状態ではきわめて難しいことがわかってきます。

まず、妻が働いている場合、毎夜、妻が夕食を作って夫を迎えるのは無理ですし、毎朝、朝食を作って夫を送り出すことも不可能です。それどころか逆に夫が妻を迎え、送り出すことも増えるでしょう。

また夜の営みにしても、妻の仕事や疲れ具合によっては、夫の希望するときに受け入れてもらえるとはかぎりません。

しかもこれらは、妻が職場の第一線で、重要なポストを得て働けば働くほど難しくなってきます。芸能人同士の離婚の裏には、必ずこういう問題が隠されています。

かくして、夫たちの古典的ではあるが、本能的に求めている夢は急速にしぼみ、そこから感情の行き違いが生じ、ときには離婚にいたることも少なくありません。

箱入り妻

この夫の本能的な願望を、ともすると打ち消しがちな共働き状態に対して、唯一、止《や》むをえずというか、すべての夫たちが納得するのは経済的理由です。

「あなただけの収入では足りないので、わたしも仕事に出る」といわれては、いかな夫の専業主婦願望もあきらめざるをえません。

こういわれては、夫たるもの、自分の不甲斐《ふがい》なさを恥じて、すごすご引き下がるよりないでしょう。

もっとも最近は贅沢な生活を望みすぎるあまり、仕事に出る妻も増えていますが、この場合も、夫たちはそこまでしなくてもと思いながら、認めざるをえません。

むろんなかには、妻が仕事をすることで自分も多少贅沢をできる、というメリットを考えている夫もいるでしょう。こうなると、専業主婦願望と小遣いの増額とを天秤《てんびん》にかけている、といえなくもありません。

このように、経済的問題は、専業主婦願望を打ち砕くもっとも強い理由になりますが、いまひとつ説得力をもつのは、妻の才能です。

家庭に閉じ込めておくには惜しいほど能力をもっている妻。こうした妻を、男の勝手な願いから専業主婦にしておくことは社会的にも大きな損失です。

とくに最近のように大学を卒業した女性が増えている場合は、その能力を生かさず、家庭に閉じ込めるのは、その費やされた授業料から考えても、もったいないことです。

たとえそこまで考えなくても、女性の知力や活力、そして行動力は、場合によっては男たちのそれよりも優れているだけに、女性が社会に出て仕事をすることは、国力という観点からしても、きわめて有意義です。

以上のことは、夫たちのほとんどはわかっているはずですが、それでも、専業主婦願望は強いのです。

その理由は、これまですでに述べてきましたが、いまひとつ、夫の「妻を外に出したくない症候群」というのも無視できません。

これはきわめて精神的なもので、人によって多少の違いはありますが、総じて夫は、妻が仕事に行くことによって、さまざまな人や場所を知り、視野が広くなることをあまり快くは思わないものです。

この背景には、外で自分より魅力的な男性に会い、そちらに惹かれるとともに、いろいろ素敵なレストランやバーに誘われ、自分の知らないことまで見聞きするのではないか、という不安です。

そんな馬鹿なことと、一笑に付す妻も多いかもしれませんが、男は意外にナイーブで傷つきやすい生きものです。とくに自分に自信がない男性にかぎって、そういう思いは強く、疑心暗鬼にかられるのです。

たとえそこまでいかなくても、妻が世間に出て、いろいろなものを見て、知ると、自分の力では御《ぎょ》しにくくなるのではないか、という不安を抱きます。

もともと、妻を御すという発想自体が陳腐なことですが、コントロールしていると思うことで、夫は夫なりに沽券《こけん》を保っているのです。

それが妻が社会に出ることによってつぶされ、いままで夫は凄《すご》いと思われていたものが軽視されるようになると、男の立つ瀬がなくなります。

要するに、妻を「箱入り娘」ならぬ、「箱入り妻」にしておけば、世間も他の男も知ることもなく、無知だが初心《うぶ》な妻であり続けるはずだ、という儚《はかな》い夢を抱いたままの夫も多いのです。

いずれにせよ、日本の夫たちが妻を外にあまり連れ出さず、他人に見せようとしないのは、こうした箱入り妻願望が心のなかにあるからです。

しかしここにも当然のことながら陥《おと》し穴があります。

それは、現代の専業主婦には専業主婦なりの悩みと問題点があるからです。

そのひとつは専業主婦の社会性のなさで、それが長く夫の手をわずらわせ、負担をかける原因になるからです。

そんなことどうしてできないのとあきれながら、夫はやがて妻の社会性のなさと無知さ加減にうんざりしていきます。

さらに専業主婦独特の狭量《きょうりょう》さと、価値観の狭さから、子供の学校の成績や服装などにこだわり、自らも外見だけにとらわれ、それがうまくいかないときに自信を失い、一種の鬱《うつ》状態におちいることになりかねません。

また、社会に出て認められていないということが一種の焦りとなり、完璧《かんぺき》な主婦を演じようとしすぎて、かえってノイローゼになり、夫や子供に当たることも少なくありません。

このように、専業主婦には、当然のことながらそれなりの問題点があり、ときにそれが夫たちの大きな負担になることも少なくありません。

しかし幸か不幸か、それに夫たちが気がつくのは、子供が生まれ、小・中学校にすんでからで、そのときは手遅れ、というのも皮肉といえば皮肉です。

年齢による変化

以上、夫たちの、専業主婦願望とその問題点について述べてきましたが、これらは夫の年齢《とし》によっても違ってきます。

まず新婚当時は、夫は若くて、婚約時代にいろいろ理解あり気なことをいったてまえもあり、妻が仕事をすることにほとんど反対しません。

たとえ外に出て、さまざまな男たちと接したとしても、新婚というホットな時代だけに、心が変わることはないと、信じることも可能です。

しかし結婚後数年経ち、とくに子供が生まれてから、夫は徐々に妻に対して専業主婦になることを希望するようになります。

その理由は、育児の大変さを実感するからで、実際それによって仕事をあきらめる妻たちもかなりいるようです。こうしたマイナスをなくすためにも、国や企業がより積極的な対策を講じることが強く望まれます。

それはともかく、育児で一旦、仕事をやめた主婦たちが、子供が育ち、高校や大学に行くようになって、再び社会に復帰しようとします。

もはや、子育ても終わったのだから、これからは思いっきり社会で羽ばたきたい、という気持ちからでしょうが、ここに伏兵がいて、今度は夫たちが前に立ちはだかってきます。

いままで休んでいたのに、なにもいまさら働くことはないだろう、というのが夫たちのいい分です。この裏には、夫たち自身が年齢をとり、大分くたびれてきたので、妻に世話をやいてもらいたいという甘えがあるからです。

ここで、本来の専業主婦願望にくわえて、「妻を外に出したくない症候群」が重なり、ひたすら妻を家に閉じ込めておきたくなってきます。

しかし皮肉なことに、この時期、妻たちは子育てなどから解放され、精神的にも自由になるとともに、万事に前向きでエネルギッシュになるときだけに、容易に夫の希望を受け入れようとはしません。

そして夫と妻とのあいだで、将来の人生設計から価値観などについてまで、微妙なズレが出てくるのもこのころです。

むろん、一方では、そういう問題をのりこえて、年齢とともに、静かだけど深い愛情で結ばれていく夫婦も少なくありません。

いずれに傾くかは、夫婦それぞれの問題で一概にはいえませんが、このときもなお、というより、このころにもっとも強く、夫たちの胸のなかに、専業主婦願望が存在していることはたしかです。

第11章　会話が苦手な夫たち

現在、三十代から四十代の妻にとってもっとも不満なのは、夫との会話がない、ということです。

むろん、五十代から六十代の妻にとっても同様の不満はあるようですが、このあたりになると、半ば諦《あきら》めているというか、仕方がない、と思い込んでいる妻も多いようです。

いったいなぜ、それほど妻が会話を求めているのに、夫たちはそれに応じないのか。

夫たちはなぜ、妻との会話を大切に思い、それを実行できないのか。

この謎（？）を解くには、夫個人の問題より、夫という生きものの実態を、根本から考えてみる必要がありそうです。

夫は疲れている？

そこでまず、夫が妻との会話に興味を示さない理由として、第一にあげられるのが、「疲れている」といういい訳です。

夫は会社やさまざまな仕事で心身ともにすり減らして家に戻ってくる。そこでようやく一休みしたいと思っているときに、あれやこれやと話しかけられても、いちいち答える気になれない。

「とにかく、いまは休ませてくれよ」というのが、夫たちの本音、ということになっています。

しかしそれには、妻たちから次のように逆襲されそうです。

「疲れているというのなら、わたしたちも同じよ」と。

たしかに共働きの妻はもとより、家事だけに専念している主婦でも、育児や炊事で疲れているという点では、同じかもしれません。

その妻があえて話しかけてくるのだから、夫たちも応じるべきではないか、という妻たちのいい分は当然です。

たとえ半歩譲って、専業主婦はともかく、同じ外に働きに出ている妻が会話を求めるとしたら、夫の「疲れている」という理由は、説得力をもたなくなります。

むろんここで、それは男と女の体力の差、などといっては、まったく別問題になりますから、夫のほうが旗色が悪いのは否めないでしょう。

男は外で女は内

そこで、この「疲れている」に次いで、夫たちからよくいわれるのが、「そんな細々《こまごま》したことは、どうでもいい」という意見です。あるいは、「そんなことは、なにもいま、急ぐことではないだろう」という逃げ方です。

たしかに多くの妻たちは、子供の教育のことからローンのこと、そして互いの実家との関係、さらに近所の人々やマンションの管理人、そして友人のことなど、いろいろと話しかけてきます。

これらのことは、一部を除いては、それなりに大切で、どうでもいいこと、とはいえません。とくに子供の教育や実家との関係などは、夫婦ともに考えなければならない、かなり重要な問題であるはずです。

それなのに拒否するとは、ここから先は疲れているというより、単なる面倒くさがりの怠《なま》け者、ということになりそうです。

とにかく夫たちは、家に関わる細々としたことを考えるのが嫌なのです。それは、妻がやるべきことで、そうした細々としたことを夫がやっては、男の沽券《こけん》に関わる、と思い込んでいる夫も、いないわけではありません。

このような考え方の裏にあるのは、男は外のことを、そして女は内のことをという、男女の役割分担が当然と思い込む風潮で、ここまでくると、日本文化そのものの問題、ということになってきます。

いずれにせよ、この面倒くさがりようは相当なもので、ここから次のような笑い話もでてくるのです。

ある、ものぐさの夫に、妻が「たまには庭の草とりでもしてよ」といったら、「誰かにしてもらえ」と答え、「ベランダの戸が開けにくいから直して」といったら、「誰かにしてもらえ」と答え、さらに奥さんが「そろそろ子供が欲しいわ」といったら、「誰かにしてもらえ」と、答えたとか。

ことほどさように、家事に関わることを嫌う夫は多いのです。

家事オンチ

第三に考えられるのは、家事に対する夫の処理能力の無さがあげられます。

一般に、夫は新婚当初から、外に出て働くことだけに専念し、家事をかえりみることがほとんどありません。

こういう状態を長年続けているうちに、家事そのものにうとくなり、実際、相談されても、どう対処していいものか、わからなくなるのです。

たとえその点について、妻がいろいろ説明したとしても、すぐわからないから面白くない、面白くないから関心をもたない、という悪循環が生じるのです。

こういう状態になるのを防ぐために、若いときから家事に関わることを夫によく話し、いつも相談をもちかけることです。決して、「あなたは外で働いているから、家事はわたしがやるわ」というように、甘やかさないことです。

たとえば家計についても、夫に直接響く小遣いのような話から相談をもちかけたり、家族の問題、近所の対人関係、親戚関係なども、常に夫と関わる話からはじめることです。

このように、夫も無関心でいられず、そこから夫も一緒に考えざるをえないようもっていきたいものです。

こうして日頃から家事に馴染《なじ》ませておけば、夫の家事オンチはかなり改善されるようになるでしょう。

実際、図に見るように、夫の家事への参加は徐々にすすんできて、二〇〇三年には八割六分の夫がなんらかの形で家事を手伝っています。

夫の家事参加状況

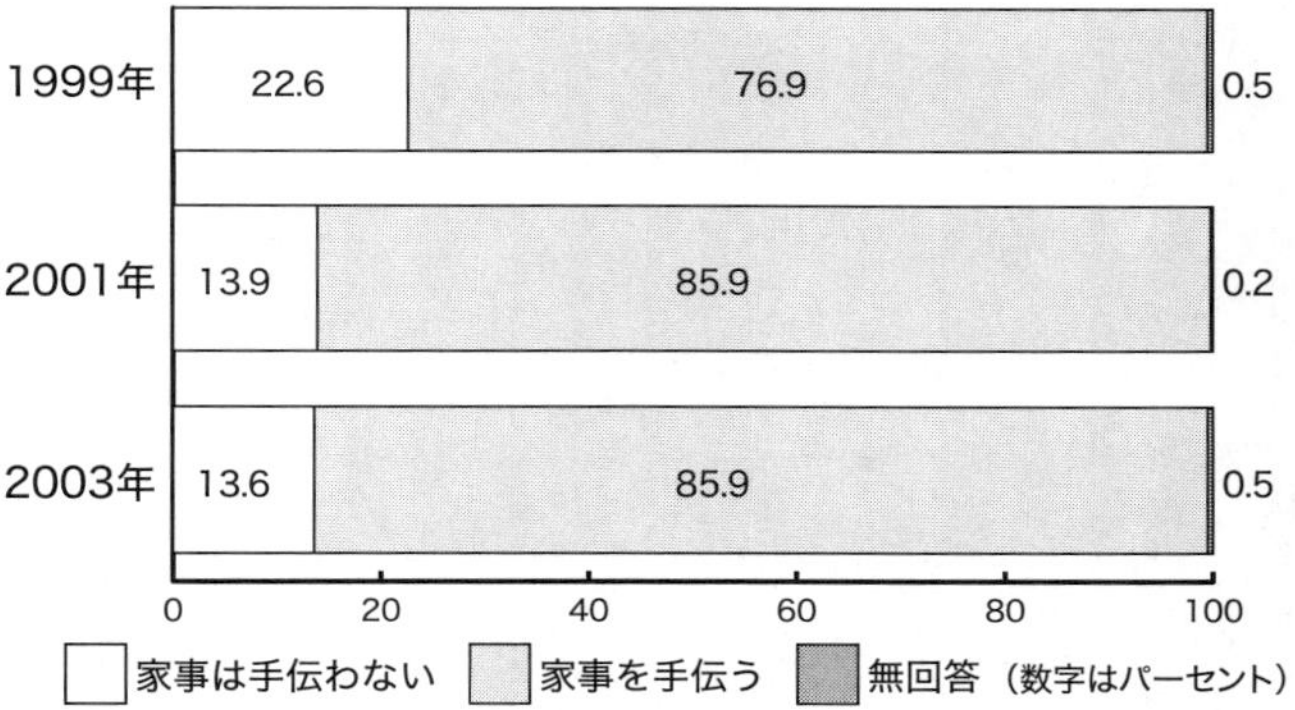

家庭生活の満足度（性別、夫の家事の手伝い方別）

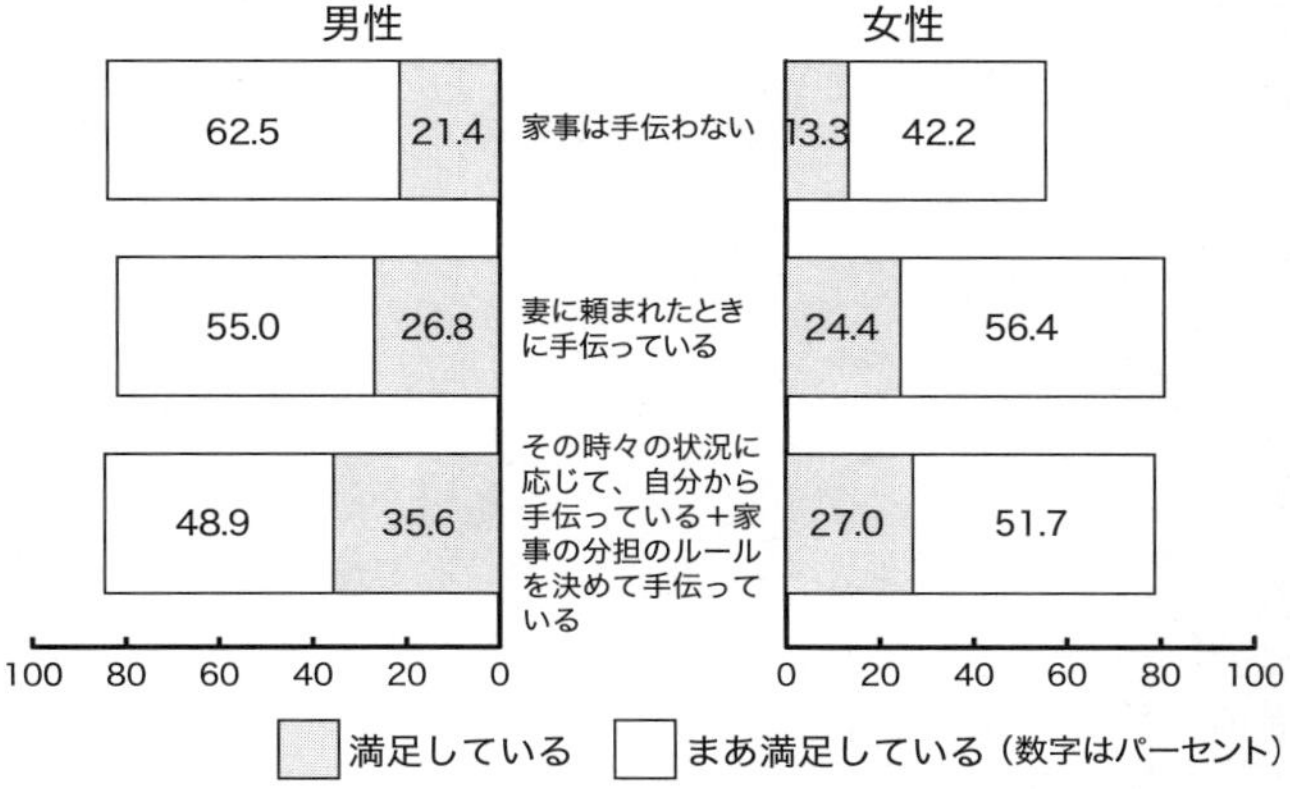

「ライフデザイン白書　2004-05」（2003年10月、第一生命経済研究所）による。

しかも家事を手伝っている夫をもっている妻の八割近くが家庭生活に「満足している」に対して、家事を手伝わない夫をもっている妻は五割ほどとかなり低くなっています。

家事を手伝えば妻が満足するのは当然といいながら、少しでも手伝うくせをつけておくことは、妻との関係を良好に保つうえで、かなり有効な手段というわけです。

お喋りが苦手

次に問題なのは、会話そのものが、失われることです。

どんな夫婦でも、新婚当初というより、婚約時代はよく話し合い、会話をしていたものです。

甘い語らいはもとより、互いの勤め先のこと、友人のこと、どこのレストランが美味《おい》しくて、なにが好きかとか、どんなタレントのファンで、なにを観に行きたいとか、話すことはかぎりなくあったはずです。

これが、結婚して、夫婦という状態に定まった途端に、会話が急激に失われてゆきます。

結婚しても、いや、したからこそ、互いに話すべきことは無限にあるのに、もうないと思い込んでしまう。

この傾向は圧倒的に男のほうに多いのですが、これも「釣った魚には餌《えさ》をやらぬ」に近い発想かもしれません。

こう考える裏には、もともと夫たちは会話が苦手で、できることならしたくない、という思いが潜んでいるのです。

「それなら、男たちが望んでいるのは、なんなのよ」と問われそうですが、その答えは一言でいうと、セックスです。

できうることなら、なにも話さず、セックスだけをしたい。

こういうと、いかにも不謹慎に聞こえるかもしれませんが、これが男のすべてとはいえないにしても、かなりの本音であることはたしかです。

「ならば、いままでの会話はなんだったの」と反論されそうですが、それも正直にいうと、相手に好かれ、彼女とセックスさせてもらいたいための我慢の過程、といってもいいでしょう。

いずれにせよ、男には女性のように延々と会話というか、お喋《しゃべ》りを楽しむ発想はなく、できることなら、女性とは「イエス」「ノウ」といった、簡単な会話だけですませたいのです。

このことは、レストランや会社、さらに家のなかやいわゆる井戸端など、各所で女性はいつまでも喋り続けているのに対して、男同士のそういう姿は、ほとんど見かけないことからも、わかるはずです。

要するに、男は女性に比べて、お喋りというか会話が苦手で、嫌いな生きものなのです。

一方的な語り

それでは、苦手な会話の代わりに、男はなにが得意なのか。そこで明らかになってくるのが、「語り」です。

淡々と、あるいはだらだらと、中味は人によってさまざまですが、男はとにかく、語ることが好きなのです。

その代表的なのが、金八先生です。

あの熱情的な語りをくり返しながら、本人は語ることに納得し、陶酔していくのです。

もっとも、あの金八先生は聞いてくれる人がいるだけ幸せなほうで、ほとんどの男たちは、自分の話を真剣に聞いてくれる相手がいないのです。

しかし、それでも夫たちは語りたいのです。

会社の気に入らぬ上司のこと、身勝手な部下のこと、一生懸命働いているのに認めてもらえない自分の不運を、そして、気の合わない兄や妹夫婦のことから、自分を小馬鹿にしている若い女性のことなどなど、それらについて話しなさいといえば、延々と語り続けるでしょう。

ただし、これは会話ではないので、途中で妻が聞き返したり、反論したりすると、たちまち夫は不快になり、話は途切れてしまいます。

そうではなく、妻もときどきうなずき、「ひどいわねえ」「許せないわ」と、共感してくれるだけでいいのです。

同様のことを、男たちは居酒屋で飲みながらもやっているし、やりたいのです。

実際、こういう所で男たちは酒を飲みながら、互いに悲憤慷慨《ひふんこうがい》しているだけで、飲んでいる仲間同士で、正しい意味での会話が成り立っているわけではありません。

それぞれいいたいことを吐き出し、「そうだ、そうだ」と気勢を上げているだけで、相手の話を聞いているわけではなく、古い歌にあるように、心の憂《う》さの捨てどころにすぎないのです。

この一方的な語りが、とくに精彩を帯びるのはクラブやバーにおいてです。ここではホステスたちが反論などせず、素直に聞いてくれますから、男たちは思う存分、語ることができるのです。

とはいっても、ホステスは本気で聞いているわけでなく、客が懸命に語るから、お愛想にうなずいているだけなのですが。

いずれにせよ、ただ語りたいだけの夫たちにとって、彼女たちくらい好ましい存在はなく、そういう聞き役に廻《まわ》ってくれる人が欲しくて、高いお金を払って、バーやクラブに行っている、といってもいいでしょう。

それにしても、聞き役は大変です。ホステスはもちろん、会社でも新人社員は古い社員の聞き役を命じられることが多く、これはこれで、かなり忍耐力がなければできないことです。

ところが、年齢《とし》をとればとるほど、そして不遇であればあるほど、語りは長く、かつ執拗《しつよう》になりますから、語りの相手をさせられる人はますます疲れ、消耗することになります。

もっとも、要領のいい社員は適当にうなずくだけで、半ば以上聞いていませんが、それはホステスと同じです。

キャッチボールと砲丸投げ

このように、男は語ることが好きで、とくに家庭では、いかに幼いころに苦労をしたか、自分たちは貧しい時代を生きてきたか、そして頑張ってきたかということを、妻や子供たちにも聞かせたいのです。

これに対して、妻はもちろん、子供たちも相手にせず、まともに聞かなくなると、夫は苛立《いらだ》ち、悲しみ、そして最後に愚痴るのです。

「家では、誰も俺の話を聞こうとしない」

一方妻は、「あの人（夫）は、ちっとも会話をしてくれない」と。

しかし、会話と語りは根本的に違うのです。会話は一種のキャッチボールですが、語りは砲丸投げや槍《やり》投げのように一方的に、かつ遠くに放り投げるだけです。

いずれにせよ、キャッチボールと砲丸投げが合うわけはないのです。

したがって、キャッチボールをしたいときは、夫に一方的に砲丸投げだけやらせておけばいいのです。ときどき「よく飛んだわ」とか「凄いわ」などと合いの手を入れて。

そして夫が語りに疲れたころに、なに気なく話しかければ、「うん」「そうか」などと、会話にのってくるものです。

改めて記しますが、「男は初めに語りありき」なのです。会話はそのあとで、しかも困ったことに、語りは高級、会話は低級、と思い込んでいるのですから、このあたりの特性をよく理解して、上手に手なずけていくことが肝要です。

第12章　妻に言われたくない言葉

夫たるもの、妻にいわれて一番こたえるのは、自分を非難する言葉です。

もっとも、これは妻も同様で、妻も夫に非難されると気が滅入《めい》るのは当然です。いや、これは夫や妻だけでなく、すべての人が相手に非難されることは一番苦々しく、鬱陶《うっとう》しいことです。

しかし、非難といっても、中味はさまざまです。

軽く批判するのから、ぐじぐじと文句をいい続けるの、さらには欠点を鋭くいいつのるのと、その問題となる対象と各々の性格によって、その受けとめかたもずいぶん違ってきます。

これらさまざまな例を念頭に、妻の夫に対する非難や批判のうち、夫にとってもっともこたえる言葉について、考えてみることにします。

理のある批判

まず最初に、理解しておかねばならないことは、夫への不満や批判が厳しく、延々と続いたとしても、それが必ずしも夫の心に強くこたえるとは、かぎらないことです。

いいかえると、いろいろ妻が不満をいったとしても、それが理にかなっていて、当然と思われる場合には、夫もある程度それを受けとめ、反省していきます。

たとえば、夫がとてつもない浪費をして、家計が苦しくなったような場合。それも賭け事や飲むことに費やしたのでは、悪いのは明らかに夫のほうです。

こういうとき、妻にいくら厳しく、延々と文句をいわれても、夫は黙って聞くよりありません。むろんときに、「うるさい」とか、「もういい加減にしろ」と叫ぶかもしれませんが、悪かったことは自分でもわかっているのですから、所詮《しょせん》、一時的な反発にすぎません。

この種のことは、もっと大きくいうと、株や不動産の購入、さらには商売上での失敗など、いろいろあると思われます。

このような場合、妻がヒステリックに文句をいったとしても、夫は黙って聞くよりなく、妻のいうことが的を射ているかぎり、夫のプライドがいちじるしく傷つけられる、ということはありません。

これと内容は大分違いますが、夫がある程度大人しく聞くのは、浮気に対する妻の批判です。

これも、夫が悪いことははっきりしているだけに、妻がかなり厳しく非難しても、夫はひたすら頭を下げて聞いているより仕方がありません。いや、実際は聞いていないかもしれませんが、それに真っ向から反論することはないはずです。

たとえ途中で妻が、「あなたはずるくて嘘つきで、女にだまされているのも知らない、最低の馬鹿よ」といったとしても、夫自身はさほど傷ついていないものです。

その理由は、たしかに妻のいうとおりだとしても、それ自体、夫のプライドを傷つけるものではないからです。

それというのも、夫たちは妻に叱《しか》られながらも心の底では、もてないよりはもてるほうがいいじゃないか、とうそぶいていることもあるし、なかには、浮気も男の甲斐性《かいしょう》、と自らにいい聞かせていることもあります。

そして、それだけ文句をいってくれる妻は、もしかしたら、それだけ俺を愛しているからだ、と思いこむこともできるからです。

これら、さまざまなケースに共通していることは、いずれも妻が批判するのに正当な理由があり、そのかぎりにおいて、とくに夫のというより、男としてのプライドを傷つけるほどのものではない点です。

むろんこういう場合でも、あまりに厳しく、あまりにしつこく何度でもいいすぎると、夫もキレて大騒ぎになりますが、そうでもないかぎり、夫はひたすらうなずき、黙って受けとめるものです。

実感ある言葉

妻が正面から堂々と非難するケースより、妻がなに気なく、ふと洩らした言葉に、夫が深く傷つくケースは意外に多いのです。

たとえば、妻がなにか、アクセサリーのようなものを欲しくて買おうとしたとき、夫が「そんな高いの、やめたら」といったあと、妻がふと、「ケチねえ」とつぶやく。

はっきりいってこの場合、夫がケチなのか、妻が贅沢《ぜいたく》なのか、正否は別として、夫はこうした、妻が何気なく、しかしそれ故に実感をこめて洩らした言葉に傷つくのです。

もともと、男はどんなに貧しくても、女性にケチといわれることを嫌います。貧しいは貧しいなりに突っ張って、いいところを見せたいのが男です。

ましてや普通のサラリーマンなら、それなりに収入があり、妻や子にいいところを見せたいと思っているのに、「ケチね」とか「細《こま》かい人」といわれては、夫の立場がありません。

もちろん、妻の買物にケチをつけたことは問題かもしれませんが、その裏には、俺がこれほど昼食や友達との交際費も切り詰めて頑張っているのに、という思いが潜んでいるかもしれません。そしてそれ以上に、男は女より太っ腹で金遣いが荒く、豪放磊落《らいらく》でありたい、と願っているのです。

そういう夫に、「ケチ」という言葉はいちじるしくプライドを傷つけるという意味で、かなりの迫力をもっている、といってもいいでしょう。

これと同様の意味で、夫にとってこたえるのは、「弱いんじゃない」とか、「男らしくないわよ」といった言葉です。

これも、男は女より強くて逞《たくま》しくあらねばならない、そして頼り甲斐のある存在であらねばならない、と思いこんでいる夫たちのプライドをいちじるしく傷つけます。

同様に、「女々《めめ》しい」とか、「男のくせに、しっかりして」など、男であることを根底から否定するような言葉を投げつけられる度に、夫は自分の存在自体を否定されたような、惨めな気持ちになります。

とくに、これらの言葉の問題点は、いずれも論理というより、妻の感性によって思わず出てきたものだけに、理屈で反発するわけにいかず、ただ黙って聞くよりないところです。

反論の余地がない、実感から出てきた言葉だけに妙にリアリティがあり、それがまた夫の心を深く傷つけるのです。

妻は夫を批判する言葉の端々に、あるたとえとでもいうべき言葉をはさみますが、ここでもっとも夫が嫌うのが、「お父さんのように」という言葉です。

これは多く、子供（とくに男の子）に対する叱言《こごと》に使われるのですが、むろんいい意味で使われるなら、夫たちは安心するどころか、おおいに気をよくするでしょう。

たとえば、成績のいい子供やハンサムな息子を褒めるのに、「やっぱり、お父さんの子だわ」といわれたら、夫は喜ぶに違いありません。

しかし、これが逆に成績が悪かったり、容色が悪いときに、「お父さんの子だから、仕方がないわ」などといわれたら、夫はおおいに不快で、傷つきます。

もっとも、この場合、息子の頭の悪さや元気のなさ、女々しさ、などについていわれたら傷つきますが、容色や躾《しつけ》についてなら、さほどでもありません。

それというのも、容色は男にとってさほど重要ではなく、躾も、妻と二人の共同作業だからそう重くはありません。

いずれにせよ、「お父さんの子だから」といういいかたは、遺伝子に関わる発言で、これだけは如何《いかん》ともしがたい問題だけに、夫の存在そのものを傷つけられた気分になることは当然です。

この他にいまひとつ問題なのは、夫を他の夫たちと比較して、批判することです。たとえば、夫の出世が遅いのに不満をいった挙句、「お隣のご主人なんかは、もう部長よ」などというひと言。これは、女性には想像できぬほど地位や権力にこだわる夫にとって、致命的な一撃となります。

むろん、だらしないとか、家のことをぜんぜんしないとか、寝てばかりいる、などということで、他の夫たちと比較して非難されるのも、夫には不快ですが、なによりも地位や収入についていわれることが、夫をもっとも傷つけます。

「隣の芝生は青く見える」というとおり、表面だけ見て、自分の夫を傷つけるのは極力避けるべきでしょう。

他に、「趣味が悪いわ」とか、新しい服を着たときに、「たいして変わってないわ」とかいわれても、女性が思っているほど傷つきません。

それというのも、繰り返しますが、外見や容姿は男にとって、さほど重要ではなく、たとえ「老けたわねえ」といわれても、「お前たちが苦労をかけるからだ」と、切り返される程度でしょう。

同様に、「肥《ふと》りすぎよ」とか、パソコンやオーディオなどをいじっていて、「機械に弱いのね」といわれても、さほど気にすることはありません。

少なくともこれらの言葉は、男のプライドに根本的に関わる、重要な問題ではないからです。

性に関わる言葉

これまでのケースでは、主に社会や世間とのつながりにおいて問題になる言葉ですが、これとは別に、きわめてプライベートな、二人だけの密室の世界での言葉はとくに気をつけなければなりません。

ここでのひと言は逃げ道がないだけに、夫をいちじるしく傷つけます。

たとえば、夫が求めるのに妻が気のりせず、断るとき、「ご免なさい、今日は……」という感じで断るならともかく、素っ気なく、「やめてよ」とか、「それしか頭にないの」と軽蔑《けいべつ》したようないいかた。さらには夫に誘われても返事をしないなど、冷ややかにされればされるほど、夫は傷つきます。

しかしなによりも傷つくのは、セックスの最中に表れる、妻の態度や言葉です。

たとえば、「もう、終わったの?」と、あまりの呆気《あっけ》なさに呆《あき》れた言葉。

こういう場合、ほとんどの夫たちは、自分のセックスの未熟さと、相手を満足させられなかったことに気がついているはずで、そこに追討ちをかけられてますます傷つき、萎《な》えることも多いのです。

もちろん逆に、「また、愛して」とでもいえば、夫もずいぶん救われるでしょうが、なかなかそこまでいえる、余裕のある妻は少ないかもしれません。

これとは別に問題なのは、セックスの最中に妻のほうから、さまざまなことを要求することです。たとえば「こうして」とか、「ああして」と体位や夫の動きに注文をつけたり、「頑張って」などと気合をいれたりすること。

これらは、妻もよかれと思っていっていることもあるかもしれませんが、かなり夫を傷つけることはたしかです。

むろんこういうことを互いに、明るくいい合えるあいだがらならともかく、そうでない場合は、夫のほうも考えこみ、それをきっかけにEDになることも少なくありません。

そしてもっとも避けたいことは、夫の一物《いちもつ》を「小さい」とか、「弱いね」などということです。

男は女性が思っている以上に、異様にペニスに関心をもっている生きものですから、間違っても、それをけなしたり、軽視する素振りをしてはいけません。

よく、ペニスを「男性自身」というように、ペニスは男性であることのシンボルですから、それをけなすことは、夫の男性としての人格そのものを否定することと同じで、まさに致命的、といってもいいでしょう。

老後の問題

最後に、これはやや年齢《とし》を経てからのことですが、老後や死後について話すときに、問題になる言葉です。

まず、生命保険などについて、「あなた（お父さん）がいなくなったときに、必要でしょう」などと、夫の死後を想定したような台詞《せりふ》。

当然のことながら、これは当の本人である夫をおおいに傷つけます。

いや、夫にかぎらず誰でも、自分の死後についていわれたら、いい気持ちはしないでしょう。

夫が妻よりはるかに年上で、夫が先に死ぬのは当然と思っていても、その種のことは決していうべきではありません。実際、夫は自分に高額の保険をかけられていることを知るだけで、不快な思いを抱くものです。

これに加えて、おおいに問題なのが、お墓のことについて話すことです。

妻が自分の死んだときのことを想定して、「わたしは、あなたの家のお墓には入りたくないわ」というような言葉。

だいたい、妻が夫の実家やその家族をけなすような言葉は、夫をおおいに傷つけるものですが、墓に入らないと断言することは、夫の家そのものを否定していることと同じです。

もちろん、現在の婚姻制度が、あまりに男性中心で、妻は夫の家にとり込まれるべき、という考えが古いこともたしかです。その意味から、墓に入りたくない、という気持ちもよくわかるのですが、だからといってはっきり言葉に出していうのは問題です。

もしそう思っているなら、それは心に秘めて、夫の死後、そのように対処すればいいことですし、夫の家の墓はいやだけど、夫と二人で入りたいのなら、「あなたと二人だけの墓をつくりたいわ」と、いえばいいのです。

いずれにせよ、夫の死んだあとのことについて話すことは極力慎むべきで、それは自分自身の死後のことについて話されて、楽しくないのと同じです。

最後に一つ、わたしの友人から聞いた可笑《おか》しいけど笑えぬ話を記します。

彼、仮にKとします。Kは自分の部屋が二階にあって、ある夜、階段を下りて茶の間に行こうとしたら、なかで妻と子供が珍しく真剣に話をしていたというのです。

そこで思わず聞き耳をたてると、Kの死後について、「お父さんがいなくなったら、この家は売って、マンションにでも移りたいわ」と妻がいい、それに子供が反対しているようだったとか。

その妻と子供の会話を聞いた途端、Kは自分が家族から除《の》け者にされたような孤独を感じて、茶の間に入る勇気が出ず、そのまま再び自分の部屋に戻ってきたというのです。

以上、夫を傷つけるさまざまな言葉について触れてきましたが、これらは夫婦が良好な関係を保つうえで、絶対いってはならないという意味で述べてきました。

しかしもし夫が嫌いで、夫婦関係を解消したいと思っている場合には、この種の言葉はきわめて有効に、的確に効果を表します。これらを連発すれば、いかに我慢強い夫もキレて、離婚に踏み切るでしょう。

いずれにせよ、これらの言葉は、毒を含んだ薬で、だからこそ言葉は怖く、夫婦といえども、それが相手に与える影響について慎重に考えるようにしたいものです。

第13章　夫のＥＤとその対策

「ＥＤ」という言葉に、女性のかたはあまり馴染みがないかもしれませんが、正しくはErectile Dysfunctionの略です。

意味は、男性性器の勃起《ぼっき》障害で、その定義は、「満足のいく性行為をおこなうだけの、勃起、およびその状態の維持が持続的に不可能な状態」ということになります。

要するに、セックスに当たって、ペニスが勃起しない状態のことですが、この背景には、「本人がセックスを望んでいるのに」という一項が必要になります。

「性的関係をもちたいのに、できない」というわけで、そういう関係をもちたくなくて勃起しないのは、ＥＤというより、むしろ正常といっていいでしょう。

ところで、ここまで読まれたかたのなかには、ＥＤなどと、もったいぶったいいかたをしているけれど、よく聞いたらインポと同じじゃない、と気付かれた人もいるかと思います。

たしかにそのとおり、ＥＤとインポテンツ（不能）とは同じ意味なのですが、最近、ＥＤという言葉が目立つのは、インポとか不能と、事実をそのままいっては露骨すぎる、ということからつかわれなくなったのです。

しかしインポのほうが余程わかり易くて、実態をよく表していることは確かですが、世の中すべて、思いやりの時代というわけです。

もっとも、インポをＥＤといいかえたところで、当人の悩みが軽くなるわけではありませんから、あまり意味がないことはたしかです。

原因と実態

ＥＤの原因としてもっとも多いのが、精神的ストレスです。

たとえば仕事が忙しくて気が休まる暇がない、重要な仕事を任され、そちらのことが心配でセックスなどする気になれない、上司や同僚との人間関係がうまくいかず、苛々《いらいら》のしどおしである、さらに自分一人が落ちこぼれていくような焦りと孤独感、退職、リストラなどが迫って将来が不安でたまらないなど、さまざまな要因でＥＤが生じるといわれています。

これらをひとつにまとめて、心因性といわれていますが、これとは別に、体の各器官に生じた異常や病気によっておきるものを、器質性と呼んでいます。

この後者のほうは、そのほとんどが生活習慣病から生まれてくると考えられています。たとえば、糖尿病、高血圧症、心臓病、高脂血症、脳梗塞《こうそく》などなど。これらの病気はほとんどが動脈硬化を誘発し、それによって陰茎の血管に血が充分流れこまなくなることから、EDになり易いと考えられています。とくに糖尿病や脳梗塞では、陰茎の神経そのものにも障害がおきて、勃起しなくなってくるのです。

他に、煙草の喫《す》い過ぎやアルコールの飲み過ぎ、睡眠の不規則や不眠症なども、EDの原因となると考えられています。さらに、高血圧のときに服《の》む降圧剤の一部、胃潰瘍《いかいよう》や鬱《うつ》病などにつかわれる薬の一部にも、EDの原因となる物質が含まれています。

これらとは別に、前立腺《ぜんりつせん》や膀胱《ぼうこう》、直腸など、骨盤内の臓器の手術や脊髄《せきずい》損傷などにより、勃起を促す神経自体が働かなくなるか、傷つけられた場合などでも生じます。

これらさまざまな原因によって生じるEDは、日本人男性の場合、どれくらいの比率になるのでしょうか。

その点について、一九九八年の調査によると、当然のことながら、年齢《とし》をとるとともに比率が高くなっています（第八回国際インポテンス学会〈一九九八年アムステルダム〉及び日本アンドロロジー学会〈一九九九年〉）。

まず、四十〜四十五歳では一六パーセントなのが、四十六〜五十歳では二〇パーセントに、五十一〜五十五歳では三六パーセント、五十六〜六十歳は四七パーセント、六十一〜六十五歳は五七パーセント、そして六十六〜七十歳は七〇パーセント、と、年齢とともに増えていきます。

他の調べでは、三十歳以上の男性の三人に一人がＥＤで、推定ですが実に一〇〇〇万人以上の男性がＥＤで悩んでいる、ともいわれています。

女性との関係

以上、ＥＤの原因と実態について記しましたが、これらはあくまで一般的な、少し大《お》袈裟《げさ》にいうと、学問的な見方です。

しかしはっきりいって、これだけがすべて、とはいいきれず、もっと重要なことが、この裏に隠されています。

ここから先は、わたし独自の考えで、学問的にはっきり論証されているわけではありませんが、ＥＤの実態を見極めるためには、かなり重要な問題が含まれています。

その第一点は、先に心因性として、仕事や人間関係など、さまざまな理由を記しましたが、これらは表向きのもので、実際はそれと同じか、それ以上に、際《つ》き合っている女性との関係が影響していると思われます。

とくに若い男性がEDになる場合は、この女性関係がきわめて重要で、たとえば長い間女性にもてず、関係する機会もないまま三十代になってしまったケース。そこまでいかなくても、なにかをきっかけに女性にコンプレックスを抱き続けている。さらに性的体験が少ないのに、ことさらに遊び人のように振る舞いすぎた、あるいは振る舞ってみたいと思っている。また強がりで、女はくだらないといいすぎた、などなど。

要するに、女性経験が少なく、自信がないとともに、それをつくろうために突っ張り過ぎた。この両者が相まってEDとなるケースもきわめて多いのです。

また同じ心因性でも、直接、性に関わる行為の過程で生じてきた例も少なくありません。

たとえば、セックスを初めて知ったころ、女性にセックスが下手だとか、もの足りないようなことをいわれた。またペニスについて、小さいとか弱いと、直接的ないわれかたではないにしても、それに準じたことをいわれた。こうしたことが一種の精神的トラウマとして残り、それ以来、EDになるケースです。

このように、男性はセックスにおいての女性のふとした言葉や行動で傷つき易く、極端にいえば、セックスという行為のなかで、女性に自分の性的能力をテストされていると思いこんでいる男も少なくありません。

同様に女性も、セックスで自分の魅力をテストされている、と思いこんでいる人もいるかもしれませんが、そう考えるとセックスは単に楽しく素敵なもの、というより、男女が互いの魅力についてたしかめ合い、テストされる場、といえなくもありません。

こういう事実を踏まえて、ＥＤにかかり易い男性のタイプをまとめると、「女性にオクテでナイーブで、結婚するまで女性に触れたことはほとんどなく、初体験はせいぜい風俗の女性で、親のいうまま見合い結婚をするタイプ」ということになりそうです。

要するに、真面目《まじめ》で遊んでいないタイプがＥＤになり易いわけで、このあたりがＥＤの一筋縄でいかない難しいところです。

妻との関係

最近、ＥＤか否か、そのチェック法として利用されているのが、次のような方法です。
一、常に勃起を達成し、維持させることに自信がありますか
二、勃起した際は、常に挿入するのに充分な硬さになりますか
三、性交あるいは性的行為が終わるまで、常に勃起を維持することができますか
四、勃起を達成し、維持させる能力について満足していますか

以上の項目について、「イエス」か「ノウ」かを答えて、一つでも「ノウ」があれば医師に相談しなさい、といい、「ノウ」が二つ以上ならＥＤの可能性がある、というのです。

これがＥＤか否かを判定するための、ひとつの指針になることはたしかですが、しかし「ノウ」の項目があったからといって、すぐＥＤと決めつけるのは早計です。

なぜなら、セックスは相対的な問題で、「常に勃起を達成し、維持できるか」とか「性交が終わるまで、勃起を維持できるか」などといわれても、相手の女性に魅力がなかったり、ほとんど反応を示さない、いわゆるマグロ状態であったら、男のほうが萎えるのは当然だからです。

要するに、セックスほど相手によって異なるものはなく、また同じ相手でも、時と場合によって、勃起やその維持に大きな違いがでてきます。

たとえば、ある四十代の男性にこのテストをおこなった場合、妻に対しては一から四まで、すべて「ノウ」であったのに、妻以外の女性、いわゆる愛人とはすべて「イエス」であった、ということもありうるからです。

これを、不埒《ふらち》な浮気男、と決めつけるのは簡単ですが、こうしたことになる背景には、それなりの理由もあるのです。

前にも述べましたが、男の性欲（リビドー）がもっとも高まる状態とは、自分の好みの女性が、美しく蝶《ちょう》のようにひらひらと舞うのを見て欲しくなり、捕らえようとする瞬間です。このとき、男の頭も局所も、すべてがその女性に向けて熱く燃え上がります。

当然のことながら、恋愛結婚などで一緒になった妻を射止めたころは、熱く硬く燃え上がり、激しく求めたはずです。

しかし結婚して安住し、美しかった蝶が常に家にべたっと居つき、舞うどころか装うこともなくなると、そういう妻に性的興奮を覚えて抱くことはかなり難しくなってきます。

だから浮気をしてもいい、などという気はありませんが、常に身近にいて、求めることになんの障害もない妻に激しく燃えろというのは、少し酷な要求ともいえるのです。いいかえると、結婚という安住な環境と、男のリビドーは両立しづらい、ということです。

むろんなかには、妻だけを愛し、いくつになっても妻だけを求める誠実な夫もいないわけではありません。しかし往々にして、この種のタイプの夫のなかには、外で求めるだけの勇気がない、あるいは自信がない男も含まれていることもたしかです。

こうした少数派を除いて、多くの夫たちは結婚後、歳月を経るにつれて、次第に妻とのセックスが間遠くなり、ときにはほとんど途絶えることも少なくありません。

むろん妻のほうも、そんなやる気のない、たとえしてもお座なりなセックスならしなくて結構、と思っているかもしれません。

こういう状態では、夫がＥＤというより、むしろ夫婦間のセックスレス、といったほうが当たっています。

いずれにせよ、妻に対してはＥＤ状態だが、外に出ると正常に戻る。

こういうのを、以前は糖尿病の患者にＥＤが多いことから、「家庭内糖尿病」といっていましたが、現在なら「家庭内ＥＤ症」といってよいでしょう。

そして気をつけなければならないのは、いわゆるＥＤのなかに、この家庭内ＥＤ症がかなり混ざりこんでいるという事実です。

三十代から四十代、五十代と、急速、かつ着実にＥＤが増加しているのは、もちろん体力や気力の衰えもあるでしょう。しかしそれと同時にこの経緯は結婚生活に安住し、妻との緊張感のない関係に甘え、惰性的になっていく過程と不思議なほど重なり合っています。

いま、もっとも問題なのは、この家庭内ＥＤ症で、さらに問題なのは、こうした夫たちが高血圧とか軽い糖尿病や心臓病などと結託し、自らＥＤに甘んじて、怠けていることです。

はっきりいって、男の性的願望が四十から五十代で、衰えることはほとんどありません。それどころか、年齢とともに好色になり、若いときより性的に強くなる人も少なくありません。

それをＥＤなどと称して、妻とのセックスから逃げ出そうとしているのは、結婚した以上は、妻だけを愛し、それ以外の女性と関わるのは許されないことだとする、建前だけにこだわっている社会にも問題がありそうです。

いずれにせよ、男のペニスは男の自信と攻撃性の象徴で、それを砕かれたり、攻撃対象を失ったとき、男のペニスは素直に反応し、たちまちＥＤ状態におちこみ、女性まで失望させてしまうのです。

その対策

ではこれら家庭内ＥＤ症とでもいうべきものを、いかに克服していくか。それにはまず、男が男らしさを取り戻すことです。

といっても、具体的にはなかなか難しいのですが、夫婦間のエロスを取り戻すという点からいうと、夫婦が常に身近にい過ぎる状態を改めることです。

その意味では、ときに別れて住む、軽い別居が望ましいのですが、家以外にもう一軒もつことは経済的にかなり難しいかもしれません。むろん出張などがあれば、それを機に会いに行ったり、夫が帰ってきたとき甘えて、それをきっかけに新しく燃えることもできそうです。

さらに日常性のなかでEDが生じてきたのですから、ときに非日常的な空間、たとえば、少し贅沢してシティホテルやラブホテルなどに行き、気分を変えることです。

多くの夫たちは、いまさらそんなところへ、というかもしれませんが、妻がラブホテルに憧《あこが》れ、行ってみたいなどといいだすことは、夫にとってかなり刺激的で、かつ不安をあおります。

単なる貞淑な妻でなく、ときにこのまま放っておくと、他の男に心を移すかもしれないと思わせる。その不安が夫をふるいたたせるきっかけにもなります。

このようにいい意味での距離感や非日常性、そして緊張感などが、家庭内ED症に対してはきわめて有効な治療薬になるのです。

そしていまひとつ、夫が自信を失っている、と思ったときは、夫を励まし、さらにおだてて褒めることです。

たとえペニスが萎縮《いしゅく》して用をなさなくなっても、「こういう可愛いのが大好き」と、優しく囁《ささや》き、決して不満や蔑《さげす》んだ表情はしないことです。

それにしても、平和で穏やかな状態に安住していると、男がEDになり易いとは、男性とはよくよく攻撃的にできている生きもので、性的に逞しくあるためには、前向きで攻撃的な性格であることが不可欠でもあるのです。

しかし現実に女性たちは、「どういう男性が好き？」と聞かれると、「優しい男性が好き」と答えます。

むろん、その優しさのなかに、いろいろな意味が含まれていることはわかりますが、女性が求める男性像と男性の実態とのあいだに大きな落差が存在していることも、事実です。

優しさだけでない逞しさ、それを取り戻すためには、男はある程度、緊張感のある、攻撃的な、男の本性を生かせるような社会でなければ難しいのです。

いいかえると、男性のＥＤの増加は、平和で女性化した日本の、象徴的な現象でもあるのです。

第14章　離婚に踏みきれない夫

離婚の実態

現在、日本では一分五十秒に一組ずつ、離婚が生じている、といわれています。

しかも離婚件数は年々増えてきて、一九九〇年には約一六万組であったのが、一九九六年には二〇万組を突破し、二〇〇二年には過去最高の二八万九〇〇〇組に達しています。

さらに離婚を地域別に見ると、千人当たりの離婚率のもっとも高いのは、大阪（二・八七）で、続いて沖縄（二・八四）、北海道（二・七七）で、以下、福岡、和歌山、宮崎、青森、高知、東京、神奈川などとなっています。

逆に離婚率の低いところは、島根（一・六四）を筆頭に、新潟、富山、山形などが続いています。

この数値だけから見ると、あまり他人の目を意識しなくてすむ都会で、どちらかというと女性が強いというか、経済力をもっている地域に離婚が多く、地方で、まわりの家々とのつき合いが深く、家の意識の強いところが少ない、といえるかもしれません。

次に世代別の離婚件数を見ると、女性では三十から三十四歳が全体の約二三パーセント、男性も三十から三十四歳が約二一パーセントともっとも多く、それ以降は徐々に減り、六十代でも女性は二・八パーセント、男性は四・六パーセントに達します。

このことは、離婚にはまずエネルギーが必要であるとともに、三十代以降、子供をもつとともに、離婚しづらくなることを示している、といっていいでしょう。

また最近増えている熟年離婚ですが、婚姻期間二十年以上の離婚件数は一九七五年には約五・八パーセントであったのに、以後、次第に増加し、二〇〇二年には一六・五パーセントを超して、急速に増え続けています。

この場合、とくに注目されるのは夫の定年後の離婚で、給料をもってこなくなった夫への不要論が、妻側に密《ひそ》かにあるのかもしれません。

こうなると、「夫の使い捨て時代」とでもいうよりなく、まさに哀れなのは夫、といわざるをえません。

次に離婚の動機について見ると、圧倒的に多いのが「性格が合わない」で、二〇〇〇年は夫の六割以上と妻の五割近くが、それを別れる理由としてあげています。

次に妻側からの理由として多いのが、夫が「暴力を振るう」、夫の「異性関係」、夫が「精神的に虐待する」「生活費を渡さない」「浪費する」「家庭を捨てて省みない」「家族親族と折り合いが悪い」などが続きます。

これに対して、夫側の理由として多いのは、妻の「異性関係」、妻が「家族親族と折り合いが悪い」、妻の「異常性格」、妻が「浪費する」「精神的に虐待する」、妻への「性的不満」などがあげられています。

これらのなかでもっとも多い、性格の不一致は、離婚の理由としてよくいわれるもので、このなかにさまざまなものが含まれている、と思われます。

したがって、これとは別に個別にあげられている理由は、とくに際立った原因ということでしょうが、そのなかに、妻の「異性関係」（一九・三パーセント）や妻からの「精神的虐待」（一一・八パーセント）、「異常性格」（一四・五パーセント）などが含まれているところが、意外というか面白いところです。

はっきりいって、こういう理由は、かつての男尊女卑の傾向の強かった時代には、まったくといっていいほどなかったことで、ここにも女性が強くなっている、時代の流れがはっきりと映し出されています。

都道府県別離婚率

（人口千対）

順位	離婚率の高い県	
1	大阪	2.87
2	沖縄	2.84
3	北海道	2.77
4	福岡	2.64
5	和歌山	2.54
6	宮崎	2.53
7	青森	2.48
8	高知	2.46
9	東京	2.40
10	神奈川	2.36

順位	離婚率の低い県	
1	島根	1.64
2	新潟	1.65
2	富山	1.65
4	山形	1.78
5	福井	1.79
6	長野	1.86
7	岩手	1.87
8	石川	1.88
9	秋田	1.89
10	岐阜	1.93

厚生労働省2002年「人口動態調査」（「都道府県別にみた年次別離婚率」）による。

とくに興味深いのは、夫が別れる動機のなかで、妻が「暴力を振るう」、妻が「酒を飲み過ぎる」、妻が「生活費を渡さない」などが少数ながらあることで、こうなると可笑《お》しいのをとおりこして、いささか情けないといわざるをえません。

他に注目されるのは「性的不満」ですが、これは夫側から一一・一パーセント、妻側からは六・五パーセントと、意外に少ないように思われます。

しかしこうした理由は、家庭裁判所などに申し立てるときにいいにくく、いわゆる性格の不一致のなかに含まれているためと思われます。

いずれにせよ、離婚の理由はまさしく時代を映す鏡であり、その実態を見ると、離婚はもはや対岸の火事ではなく、これを読まれている読者も、いつ、離婚という危機に見舞われないともかぎりません。

そのときのため、というわけでもありませんが、離婚に対する男と女の考え方やその対応の仕方の違いなどについて、少しほり下げて考えてみることにします。

口でいうほどに別れない

一般に、夫というものは、妻や家庭について外でよく文句をいったり、不満を洩らすものです。

離婚の動機別割合

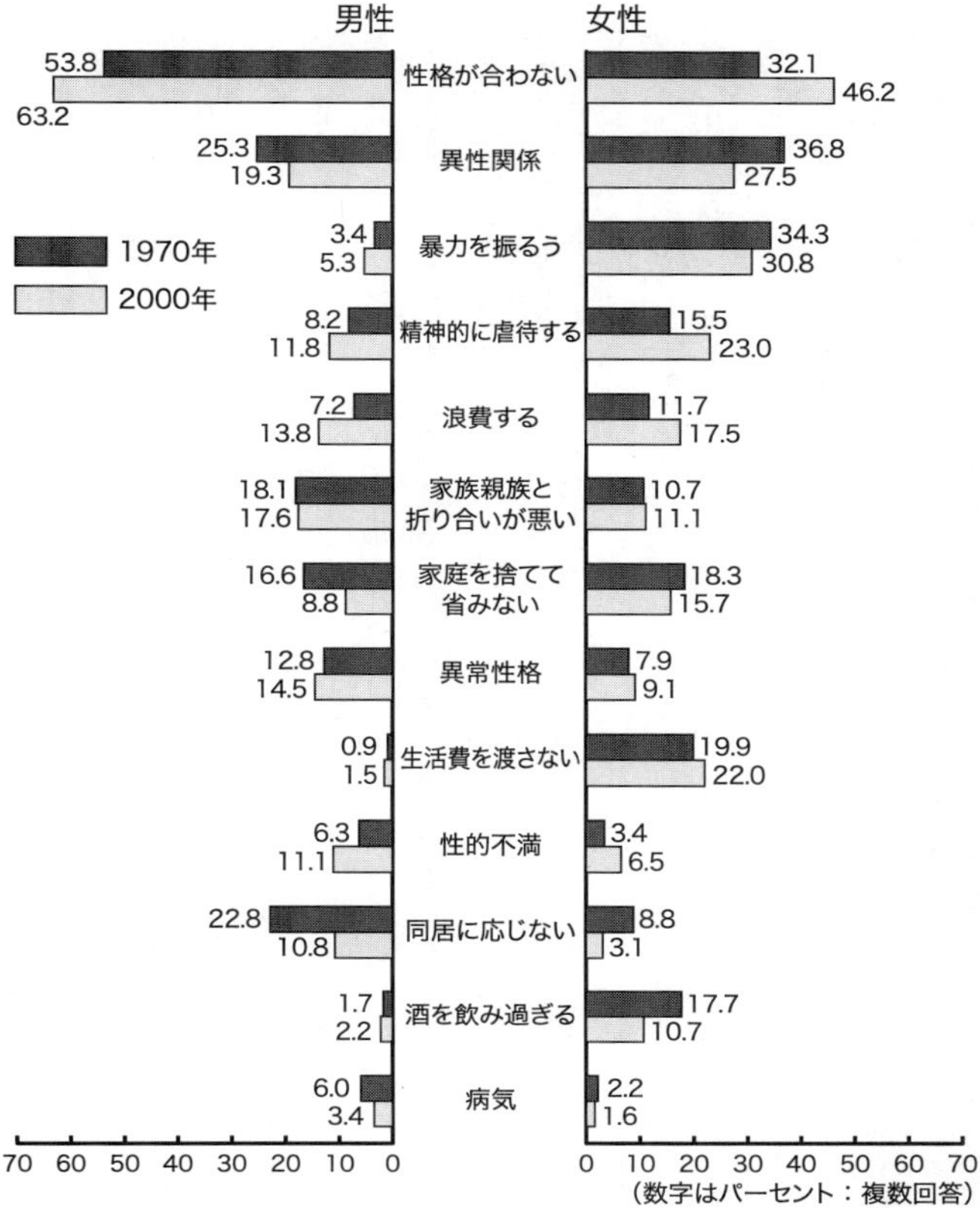

最高裁判所事務総局「司法統計年報」による。数値は離婚の申立人のいう動機のうち主なもの3つまであげてもらったものの申立て総数に占める割合（複数回答）。（2001年、厚生労働省「国民生活白書」）

女性のなかには、男は愚痴をいわず、辛いことにも黙々と耐える、と思っている人もいるようですが、それは男の一面だけを見て錯覚しているにすぎません。

男も愚痴る、それもときには女性以上に愚痴るものですが、その相手が、男同士にだけ向けられているので、女性の目には触れないだけなのです。

この男同士で愚痴る、そのもっとも大きなテーマは仕事、とくに会社での人間関係や、いまの地位や給料などについての不満です。そして、これに次いで多いのが家庭、とくに妻や子供、そして嫁姑、兄弟、親戚との関係などについての問題です。

幸か不幸か、後者は他人に訴えてみても、あまり解ってもらえないので、自分だけの心のなかにとどめておくことが多いのですが、ごく身近な友人には、それなりに話すことも少なくありません。

そのなかでもっとも多いのが、妻への不満です。

たとえば、うちのワイフはこのごろさっぱり俺の面倒を見てくれないとか、妻が冷たくて身勝手、さらに金遣いが荒い、子育てが駄目、家事をしない、などといったことから、年齢《とし》をとって若いときの面影がない、着るものも冴《さ》えない、顔を見ただけでうんざり、肥《ふと》って不恰好《ぶかっこう》、などなど、数えあげたらきりがありません。

そしてさらには、もうワイフとはセックスの関係もなく、ただの生活同伴者だ、といい、果ては、できることなら別れたい、とまでいいだします。

要するに、長年一緒に暮らしてきた妻への積み重なった不満で、多くの夫たちは、この種のことを日常的に思い、ときに身近な友人や女性の友達などにまで、告げることもあります。

とくに酒を飲んだときなどは、この種の不満が高じて、もしかすると、この男は近々に離婚するのではないか、と思わせることも、ないわけではありません。

しかしはっきりいって、こういうケースで離婚にまですすむ例は、かなり少ないのが現実です。

要するに、「夫は口で愚痴るほどには別れない」というわけで、表面の言葉だけきいて、本気にしてはいけないということです。

一方、立場を変えて、妻が夫へ不満を抱いているとき、同様に妻も母親や姉妹、親しい友人などに愚痴ることはあるでしょう。しかし総じて、夫のそれのように軽はずみに口にすることは少なく、まして酒の席で訴えることはほとんどないかと思われます。

この表面だけ見ると、夫のほうが妻を悪くいう率が高いのは、かつて「愚妻」という言葉がまかりとおっていた男尊女卑の名残りで、自分の妻を謙遜《けんそん》していうことが礼儀のように思っている風潮がいまだに残っているためと思われます。

これに反して、「愚夫」という言葉は滅多に使われないだけに、妻は夫ほど、外であからさまに自分の伴侶《はんりょ》をけなすことは少ないようです。

しかしそのぶんだけ、妻の夫への不満は内攻し、心のなかで増殖し、ある日突然、爆発する可能性を秘めています。

要するに、夫は不満を常に小出しにしているだけに、大噴火は少ないが、妻は小出しにしないぶんだけ、一旦、噴火したらもはや終わり、離婚まですすむ可能性が高い、というわけです。

その理由

この、「夫は口で愚痴るほどには別れない」理由のひとつとして、まず考えられるのは、ほとんどの夫たちが家庭を出て、外で働いていることです。

最近は、外で働いている妻も多くなってきましたが、それでもまだまだ家庭にいる専業主婦は少なくありません。

こういう場合、妻は家に籠《こも》って夫の世話をやくぶんだけ、夫と関わり合っている時間が圧倒的に多くならざるをえません。

これに反して、生活のほとんどを外ですごす夫たちは、妻との接触度が浅く、妻の存在を濃厚に感じなくてもすますことができます。

このように、家庭より外で生活する時間が長いことが、妻にかなりの不満をもちながら別れなくてもやっていける、大きな理由といってていいでしょう。

次に夫がなかなか離婚に踏みきらない理由として見逃せないのは、夫たちそのものが、真の意味で自立していないという事実です。

夫は口でこそ、「ワイフとは別れたい」などといいますが、その実、別れたら、その日からたちまち生きていきづらくなるのです。

実際、家の掃除から炊事、洗濯、そのほか細々《こまごま》としたものが、一気に自分に降りかかり、たちまち立往生してしまいます。

もちろん食料品をコンビニやスーパーに買いに行き、洗濯ものなどは自分でクリーニング店にもって行き、部屋も自分で掃除をすればすむことですが、その種のことに慣れていないぶんだけ大変で、さらにそういうことをしている自分が惨めで情けなくなってきます。

くわえて、夫というより男というものは孤独に弱く、一人で生きていきにくいのです。

妻と一緒にいたころは、一人のほうがどれほど暢《の》んびりして楽しいかしれない、と思っていても、いざ一人になるとたちまち淋《さび》しくなり、落ち着きがなくなります。

かつてソ連が人工衛星を打上げたとき、それに雌の犬を乗せたのは、雄の犬では孤独に弱く、暗黒の宇宙空間に打上げられたら、暴れてなにをしでかすかわからない不安があったからです。この点、雌の犬なら、どんな環境におかれても悪あがきせず、じっと耐えて、無事帰還する可能性が大きいと考えられたのです。

この、男の孤独に対する弱さが、いまひとつ、きっぱりと離婚に踏みきれない理由でもあるのです。

そしてさらに重要なのが、男と女の潔癖《けつぺき》度の違いです。

総じて、男は曖昧《あいまい》でアバウトな生きもので、それだけに多少、気の合わない、あるいは嫌いな女性とでも、ある程度、一緒にいることができます。

この場合、相手が女性であることにかぎられますが、異性なら多少嫌いでも、いないよりはましといった感じで、さほど気にならないものです。

この感覚はセックスに当たってとくに顕著で、男は多少嫌いな女性とでもセックスはできるし、そこから、愛はなくてもセックスだけの関係も成り立ちます。

これに比べると、女性は正反対で、嫌いな男性とはセックスはもちろん、同じ家に住み、同じ空気を吸うことさえ耐え難くなってきます。そしてついには、嫌いな人のために食事をつくったり、その人の下着を洗濯したり、その人の部屋を掃除するのさえ不快で、できなくなってきます。

要するに、異性についての感覚は、女性のほうが狭量《きようりよう》というか妥協性がなく、そのぶんだけ、潔癖で、そのあたりの違いが、離婚には大きく影響してきます。

最後にいまひとつ忘れてならないことは、男の保守性です。

一般に、男は戦闘的で、ときには派手に「革命」などと叫んで行動しますが、根は意外に保守的で道徳的な生きものなのです。

このことは、これまでの革命家が口では恰好のいいことをいっていながら、家庭では結構亭主関白で、保守的であったことからも明らかです。

このように、男は根は保守的で、やたら体面を気にするだけに、離婚という前歴がつくことを嫌います。

できたら多少不満のある妻とでも、このまま平穏でいたい。別れないですむなら別れないでいたい。離婚は子供たちなど、家族が傷つくとともに、社会的な立場にいる自分も傷つく、と思いこんでいます。

この考え方は、初めにあげた離婚にいたった理由として、「家族親族と折り合いが悪い」という項目が、夫のほうが妻より一・六倍くらい多いことからも察しがつきます。

意外に思われる女性も多いかもしれませんが、夫というものは、自分の家族や親戚との折り合いをきわめて重視する、別のいいかたをすると、家庭中心主義の、保守的な考えかたが強い、ということです。

この点では、一見、女性のほうが子育てなどの観点から、家を重視する保守的な考えをもっているように思われがちですが、一旦、夫を嫌いとなったら、それらを敢然と切り捨てて、去っていく。

その意味では、女性のほうが自己中心的で、それだけ生きかた自体が革命的、といってもいいでしょう。

後釜の有る無し

以上、いろいろな点から考えてくると、夫は妻に不満があり、ときにはかなり嫌いでも、なんとか一緒に生活するし、していけるものです。これに反して、妻は一旦夫が嫌いとなったら、セックスはもちろん、同じ家に住むことも耐えがたくなる。

要するに、女性は異性に対して潔癖であるぶんだけ、別れるまではいろいろ悩んでも、一旦、別れると決めたらきっぱりと別れる。

これに対して夫は、妻に対してさまざまな不満を抱き、外にも広言していながら、実際に別れるケースは意外に少ない。

要するに、男性は異性に対して曖昧なぶんだけ、別れる素振りはしても、現実には容易に別れないものです。

もちろん、別れるにはそれなりの理由があり、それらはこれまであげたデータを見れば一目瞭然《いちもくりょうぜん》で、離婚自体が確実に増えつつあることはたしかです。

そうした個々の例はともかくとして、夫と妻の離婚に対する感覚の違いというか、認識の違いは、互いに思っている以上に大きいのです。

改めて記しますが、夫は口で愚痴るほど別れないし、別れかたも、もやもやとして毅《き》然《ぜん》としていない。

ただ一つ、夫もときにきっぱりと別れることもありますが、それは後任というか、後《あと》釜《がま》の女性がいるときだけにかぎられます。

いいかえると、後釜がいないかぎりは、いくら文句をいっても、夫は容易に別れないし、別れたがらない生きものです。

最後は少し、冗談めかしてまとめましたが、いずれにせよ、夫は妻ほど、毅然としていない、どこかええ恰好しいだけの甘ちゃん的なところがあり、それを愛《いと》しいと見るか、くだらないと見るかは、妻の一存にかかっている、というわけです。

第15章　マザコン夫とその対策

マザコンとは、マザーコンプレックスの略で、ファザコンと対《つい》をなす言葉です。

このうち、マザーはもちろん母親のことですが、コンプレックスは本来は精神分析用語で、強迫観念とでもいうべきものです。これをいま少し具体的にいうと、抑圧された意識の下に隠されていながら、現実の考えや行動を規制していく意識、ということになります。

これをファザコンと比べると、マザコンのほうが圧倒的に多く、かつ強力なのが実情です。

要するに、男の子にとっては、父親より母親のほうがはるかに大きな存在であるということで、これこそ母親の最大のメリットといえなくもありません。

それでは現在、どれくらいの夫がマザコンなのか。この点について正確な調査結果はありませんが、まず夫のほぼ全員は程度の差はあれマザコンと考えて間違いありません。夫にとって、それほど母親の存在は大きいのです。

そのなかでも、妻と結婚してもなお母親離れができず、なにかというと、すぐ母親の意見をきき、それを信じようとする夫たち。いわゆる真性マザコンは年とともに増え、いまでは夫たちの半分、五割はそうだと考えて間違いないでしょう。さらにそのうちの二割は悪性マザコンというか、お母さんがなによりも大事のベッタリマザコンですから、結婚に当たってはくれぐれも気をつけることです。

いや、結婚前、恋愛中にこの点はきちんと見抜いておくべきです。

異性であること

男の子にとって、母親は自分を産んで、育てて、愛してくれた人で、なにものにも代え難い大切な存在です。

むろんそれと同じことは、女の子にもいえますが、女性の場合は、母親はいつか自分が越えねばならない相手であり、ライバルにもなってきます。

当然のことながら、女の子にとって母親は、同性であるために、良い点も悪い点もよく見えて、自分を産んで育てて愛してくれたことは充分わかっていても、どこかで自分と比較し、競う気持ちになることもたしかです。

同様のことは、男の子が父親に対するときにも見られることで、同性であるだけに、どこかで父親を越えるべく競い、ライバル視しなければならないときがきます。

わたしの友人で、サラリーマンをしていた男の話ですが、彼が若く、大学を出たてのころまでは、毎年正月にくる年賀状の数が、父親のほうがはるかに多く、枚数ではとてもかなわなかった。それが、父親が定年で退職したころから、父親への年賀状が急速に減りはじめ、逆に彼が勤めて五年、六年と経つうちに、彼への年賀状は次第に増えて、十年目についに逆転して彼への年賀状のほうが多くなり、積み重ねて並べると高くなった。

その瞬間、彼ははじめて「父に勝った」と思った、といっていました。

むろん、彼は父親を嫌いとか尊敬できない、と思っていたわけではありません。それに年賀状の多い少ないごときで、騒ぐほどのことでもないこともわかっていました。

それでも、父親の分を超えたとき、勝ったと思って嬉《うれ》しかったと。

それほど、自分の上に君臨し続けた父親への思いというか、父親の存在感が大きかった、ということです。

しかし、これが女の子の場合なら、まったく別の視点になるはずです。女の子にとって、父親は異性であるだけに、直接にライバルになることもなく、それどころか、いつまでも甘えて、頼っていける存在です。むろん、父親の欠点も醜さもあまり見えず、むしろ美化する場合も多いでしょう。

このように、子から親を見るとき、同性であるか異性であるかによって、大きな違いがでてきます。

多くの読者のなかには、父親に嫌な思い出を抱いている女性や、母親に嫌悪感を抱いてきた男性もいるでしょう。要するに、異性でも馴染めない、許せない親をもった人たちです。

しかし、それらはあくまで例外で一般的に子供は、異性である親には甘く、同性である親には厳しいというのが、実感かと思われます。

無償の愛

男のマザコンが圧倒的に多い理由は、生まれた直後からの経緯を見れば明らかです。

まず生まれた瞬間、男の子だと知ったお母さんの喜びようは並大抵なものではありません。むろん女の子でも喜ぶでしょうが、それ以上に男の子は愛しいうえに珍しくて、その可愛がりようは大変なものです。

わたしの知人の奥さんは、男の子のおむつを換えながら、「オチンチンがある、ほら、こんな可愛いオチンチンが」といって頰《ほお》ずりしたといいますが、こんな慈しみかたは、まさに異性だからできることです。

この我が子であるとともに、異性であるという二つの要素が重なって、お母さんはそれこそ、全身全霊で男の子を愛しみ、世話をやいていきます。

そして、その可愛がりようは、乳幼児期から少年期、そして青年期から成人しても途絶えることなく綿々と続いていきます。

その関係は、親子であるとともに、異性であることから、血のつながった恋人同士、といってもいいでしょう。

当然のことながら、このような熱い愛を受けた思い出は、息子の胸に深く、それこそ全身に染《し》みこむように残ります。

ここでもっとも大事なことは、この母親の愛はかぎりなく無償で、打算がないということです。

いいかえると、圧倒的に母親に愛された子は、まずこの世に一切の打算を排除した、無償の愛があることを実感します。

逆に、このような愛を受けなかったか、受けることが薄かった男の子は、どこかで醒めて、性格の上で影を落とすことがあるかもしれません。

いずれにせよ、母の愛は無償で、なんの見返りも求めず、なにをしても母だけは最後は許してくれる。この絶対的な思いは、その子のその後の人生に大きな影響を与えていきます。

むろん好ましいこととしては、人を信じるようになり、愛されて余裕がある分だけ相手に優しくなれて、性格も明るくおおらかになります。

圧倒的な母の愛を受けた人に、基本的には悪人はいないといわれています。

しかし愛を受けすぎて甘やかされ、それがときにマイナスになり、他人にそのかされたり、騙《だま》されやすい性格になることも充分ありえます。

そして結婚して、いわゆる夫となった場合には、愛されすぎたが故に、親離れというか母親離れができない夫になる可能性もあります。

とくにこの妻との関係において、母親に愛されすぎた男がまずぶつかるのは、母親の愛と妻の愛との違いです。

当然のことながら、夫婦の愛は無償というわけではありません。むろん、とことん愛し合っているようなペアなら、無償の愛もありうるかもしれません。

しかし多くの恋愛や結婚には、それなりの打算や思惑もあり、母が男の子に対するような無償の愛を、妻が夫に与えるとはかぎりません。いや、それどころか、ほとんどの場合、妻の愛は、母のそれとは異質のものです。

ここで、マザコン夫はおおいに戸惑い、困惑します。

好きで結婚したはずなのに、お母さんの愛と違うと。そんなこと、少し冷静に考えれば当然なことなのに、つい、妻へも母の愛と同様の無償の愛を求めてしまう。血でつながっていない妻からも、血でつながっている母と同じ愛を受けられると思いこむ。

ここから齟齬《そご》が生じて、やがてそれが次第に大きな亀裂《きれつ》となっていく。

こうなる以前に、母親とは違う妻の愛を評価し、満足していけるか否かによって、包容力ある夫となれるか、単なるマザコン夫となるかの、分かれ途《みち》になっていくのです。

強固な性向

いうまでもなく結婚とは、互いに異性で、生まれも育ちも、躾《しつけ》も価値観も、それぞれに違う二人が、一緒に狭い空間で、長く長く住むことです。

当然のことながら、そこでさまざまな不満や違和感、感情の食い違いがでることは避けられません。

かつて、女性は夫の家へ嫁ぐもので（だから妻になることを、家の女と書いたのですが）、一旦、嫁いだら、妻はすべて夫の好みや家風に合わせるのが当然、と思われてきました。しかし、そうした風習は時代とともに薄れてきて、家庭は夫と妻、二人で築くものと考えられるようになってきました。

恋愛時代は、男は彼女が好きで気に入られたいばかりに、彼女の好みや趣味に合わせるようなことをいい、実際合わせようとします。

しかし結婚し、二年、三年、と歳月が経つとともに、妻に合わせていた夫は次第に、自分本来の好みや感性を露骨に表すようになってきます。

ここで、もっとも顕著にでてくるのが、長年慣れ親しみ、それをよしと思いこんできた母親の好みと趣向です。

これらは、夫が生まれたとき以来、心身に染みこみ、血肉となっているようなものですから、恋愛時代の彼女のために、一、二年、無理に合わせたものとは根本的に違います。

この母から受け継いだ趣向は、さまざまな感受性から、少し大袈裟にいえばセンスというか美学、さらには日常の躾からものごとのやりかたの手順、そして好きな食べ物から、そのつくりかたまで、現実の生活のすべての面におよびます。

幸か不幸か、夫はこの母親から受けた感性から容易に離脱することができません。それどころか、年齢《とし》とともに母親へ回帰していく夫も少なくありません。

むろん妻も、母親の感性を色濃く受け継いでいますが、どこかで女として母親と対立し、競っていくうちに、この部分をかなり削《そ》ぎ落としてしまいます。くわえて女という存在自体が、妊娠、出産などを経て、常に革命的であるために、大きく変わる可能性を秘めていると同時に、環境適応能力という点でも男より優れています。

これに比べて、男というか夫は、一生のあいだで、体の原点から大きく変わることがなく、いろいろ口では革新的なことをいっても、所詮、観念的なもので、それだけ保守的な生きものです。くわえて環境の変化に対応する能力も劣っています。

こう考えてくると、夫のマザコンが生じるのはむしろ自然で、それをどの程度で抑えられるかによって、マザコン度が変わってきます。

では具体的に、マザコンの実態とはなになのか。

そこでよくいわれることが女性の好みで、顔や体型が、母親の若いときに似ている人を選ぶ、といわれていますが、これは必ずしも当たっているとはいえません。

たしかに、そういう女性を選ぶ男がいないとはいえませんが、その場合は、その人の母親が綺麗な場合にかぎられそうです。

それというのも、この世の母親がすべて美人というわけではなく、むしろ美人でないほうが多いのですから、母親と同じ女性を求めていたら、初めから美人を諦めなければならなくなってしまいます。

母が不美人であった男の子でも、やはり美人を求める。いや、不美人な母に育てられればられるほど美人を求めるようになる、というわけで、マザコン夫といえども母親と同じ顔や姿を求める、とはかぎりません。

それより夫たちが母から強く影響を受けるのは、母の考えかたや価値観、そして母のつくった手料理や味加減といったものです。わたしも母がつくってくれた料理や味つけが大好きで、その好みはいまもあまり変わりません。

むろんこの他に、母から受けた躾や教育方法なども身に染みつき、子供に強要している夫もいるかもしれません。

しかしここで、妻が夫のやりかたに納得できない場合は、夫婦間に険悪な空気が漂い、ついには喧嘩《けんか》になることも少なくありません。

この場合、夫はこれで間違っていないと頑張りますが、その裏には、母から受け継いだものだから正しいはずだ、という思いこみがあります。そして同時に、夫の母も夫の意見に同調し、ここに夫と夫の母との連合軍ができあがります。

むろんこれと逆に、妻と妻の母との連合軍、という形もできないわけではありませんが、どちらかというと夫側の連合軍のほうができ易く、強くなることが多いのです。

こうしたさまざまな理由から、マザコン夫は嫌だ、という世間的なイメージが固定してきたのです。

では、この夫のマザコン問題をのりこえて、仲良くしていくにはどうすればいいのか。

ここでまず第一に考えられることは、ときどきは夫の実家に行くか棲《す》んで、義母に当たる姑のやりかたを会得することです。これをやれば夫のマザコンの内容を知り、それを満足させ、ひいては夫を操ることも可能です。

しかし仕事などの事情でそこまでできない、あるいは初めから避けようとする妻も多いだけに、そういう状態で夫のマザコン傾向を回避することは、かなり難しいかもしれません。

むろん初めから、夫の家や母のことなど無視して、妻のほうに徹底的に馴染ませる方法もないわけではありませんが、これを成功させるためには、妻の余程の愛情が必要です。生半可《なまはんか》な気持ちでやった場合はほとんど失敗するか、夫のマザコン度を強めるだけの結果になり、ひいてはそれが離婚の引き金にもなりかねません。

こうしたミスを防ぐためには、結婚前に彼と彼の母との関係をよく見きわめておくことです。彼の母の考えかたや価値観や美的センスから料理のやりかたまで、これらにかなりの部分同調できれば、たとえ結婚後、夫がマザコンと知っても、あまり苦にならないはずです。

逆に、彼の母のやりかたや考えかたにあまり同調できない場合は、結婚についてもう少し慎重に考えたほうが無難かもしれません。

いずれにせよ、マザコンは男の子に共通する、かなり強固な性向です。当然、夫のほうもそのことを自覚し、母親から離れて、自分で考え、行動するよう努めるべきです。

これを促すために、妻は夫を刺激し、督促し、もしそれができたときには、おおいに褒めてやる。そして母は裏切ったが、代わりに妻がついていてくれる、という安心感を与えてやる。

要するに、マザコンから妻コンに変えていくことです。

しかしマザコンは、夫が生まれたときから培《つちか》われた宗教みたいなもので、一朝一夕に崩せるものではありません。

実際これを批判することは容易ですが、批判しているその妻が気がつくと自分の息子に、同じマザコンになるよう期待しているかもしれず、それを思うと、マザコン問題は人類がこの世に現れて以来延々と続いてきた、永遠のテーマであるといえそうです。

第16章　夫の初老期鬱病

老いの感じかた

いったい、夫たちはいつごろから、老いを感じるものなのか。

これは人によって、さまざまだと思いますが、総じて、夫が老いを感じるのは、妻が老いを感じるときより、かなり遅いような気がします。

はっきりいって、多くの妻というか女性たちは、三十代に入るとともに、老いを感じはじめていると思われます。

なぜなら、女性は毎日、しげしげと鏡を見るからで、それによって少し小皺《こじわ》がでてきたとか、肌の張りがなくなってきたなどと、容色を気にするぶんだけ、日々老いを感じる機会が多いと思われます。

とくにこれが四十代になると、一層切実に老いを感じることはたしかです。

もっとも、これらは正しくは肌の衰えで、老いというには少しオーバーなのですが、日々年齢を確実に感じることは間違いないでしょう。

これに対して、男というか夫も同様に老いを感じてはいるのですが、その度合いは妻に比べて、はるかに軽いと思われます。

その理由は、ほとんどの夫たちは毎日仕事にたずさわり、そのかぎりにおいて、年齢《とし》とともに徐々に会社での地位が上がっていきます。

もちろん最近は能力給が加味され、単純な年功序列は崩れつつありますが、それでも二十代から三十代、そして四十代にいたる過程では、上がることはあっても、下がることはまずありません。

このように、会社の地位というか世間的な立場において、夫は年齢とともに確実に上がっていくため、そちらに気をとられて現実の老いを忘れてしまうのです。

むろん夫も、三十代、四十代になるにつれて、もはやかつての若いときのように体が柔軟でなく、走っても泳いでも球を投げても、喧嘩をしても、二十代のようなわけにいかないことはわかっています。

毎朝、髭《ひげ》を剃《そ》りながら鏡を見ても、少しずつ顔の肌がゆるみ、徐々に増えてくる白髪を気にしていることはたしかです。

しかし幸か不幸か、夫のその種の肉体的な衰えが、現実の生活でマイナスに響くことはほとんどありません。

それどころか、年齢とともに会社でも地位が上がり、重要な仕事を任され、それとともに部下が増え、自分のやっていることに自信をもちはじめます。現実にある肉体的な衰えも、仕事の上ではさほどマイナスにならず、むしろ中年の男らしい味わいや深みをそなえてきて、二十代のときよりもてることも多いのです。

このように、妻たちは日々確実に老いを感じて生きているのに対して、夫たちは社会的な地位が上がるほうにばかり気をとられて、老いを感じる度合いがはるかに薄いのです。

この早くして老いを感じるか否かは、その後の夫と妻の年齢のとりかたに、大きな影響を与えます。

まず、早くから自らの老いを感じている妻たちは、老いをよく自覚しているぶんだけ、さらなる老いが訪れたときにも、それなりの対応ができるのです。

いいかえると、常に老いと向き合って生きているほうが、老いと馴染み、新たに老いを実感したからといって、そう慌てることもないのです。

しかし、老いをほとんど感じることなく、むしろ自分の未来は開けていく一方、と思いこんでいた夫たちが、ある日、突然老いを感じると、日頃馴染んでいないだけに驚き慌て、その対応もスムーズにいきません。

では夫たちはどういうときにもっとも老いを感じるのか、人によって多少の違いはありますが、一番多いのは五十代の初めごろです。

三十代から四十代へと、これまでほとんど老いを感じることがなかった夫たちは、五十代という、サラリーマンにとって最終のコースに入った途端、大きなブレーキというか、虚脱感にとらわれます。

サラリーマンにかぎらず、他のさまざまな仕事をしている夫たちも、五十代に入るとともに、これからはただすすむだけでなく、ときに停滞し、さらには後ろへ退《さ》がるかもしれない、という不安にとらわれます。

会社でいうと、このころ、さらに伸びる者と止まる者とが厳しく選別され、止まるほうはこれからは、いまより良くなることはほとんどない。いうまでもなく、五十歳から先は部長から役員、そして常務、専務、社長と、ピラミッドの頂点に昇り詰めていく席取り合戦で、勝つのはごくわずかで、ほとんどの男たちはこのあと十年以内に定年になり、会社では不要の人になってしまう。

この現実をいきなり突きつけられて、五十代に入った夫たちは戸惑い、慌てます。

それと同時に改めて鏡に向かい、自分の容姿が衰え、肉体的にも老いて、いわゆる中年のおじさんになっていることを実感し、愕然《がくぜん》とします。

いままでほとんど老いを自覚し、心の準備をする余裕がなかったぶんだけ、この衝撃は大きく、このときから夫たちは心身ともに弱ってきます。

初老期鬱病

最近よく、「男の更年期」という言葉をきくようになりました。

しかし、更年期は本来、女性だけのもので、四十代から五十代にかけて生理が閉じ、それとともに生じる精神的に困難な症状を総称したものです。

このように、更年期は閉経という肉体的変化によって生じるものだけに、これといった肉体的変化がない男に、更年期があるのは意外と思う人もいるでしょう。

しかし、女性の更年期に近い精神的症状を訴える男性は意外に多く、これらは別に、「初老期鬱《うつ》病」という病名で呼ばれています。

これは男性の初老期、すなわち五十代から六十代にかけて起きるもので、一般的には、まず無気力になり、人とのつき合いを避けて考え込み、前向きの意志を失う、などの精神症状が現れてきます。

この、男の初老期に起きがちな鬱病の、きっかけとしてもっとも考えられるのが、五十代前後に襲ってくる老いの実感です。

ある日突然、自分の先が見えて、これからは下る一方である。社会的地位はもちろん、身体的にも衰え、もはやかつてのような若さを取り返すことはできない。

くわえてこのころ、家庭的にも、子供たちはそれぞれ学校を卒業して自立しはじめ、父親の援《たす》けを必要としなくなる。それどころか、もはや父親は不要とばかり、なにか声をかけても冷たく突き放されるだけである。さらに妻は妻で、友達などと外へ出歩き、楽しそうに食べたりお喋りして、自分のほうを見向きもしない。

もはや仕事の場でも家庭でも、自分はいらない人間になりつつある。

そう思った瞬間、これまであくせく働いてきたのは、なんであったのか。誰のために、なんのためにやってきたのか、すべてわからなくなって、ただ虚《むな》しさばかりが強くなってくる。

こういう思いが高じるうちに、どんどん気が滅入《めい》り、やがて鬱状態に入っていく。

初老期鬱病の多くはこういうきっかけからはじまり、さらに不眠、頭痛、発汗、食欲不振などの症状まで現れてきて、いわゆる男の更年期障害へとすすんでいきます。

要するに、男の更年期障害は、老いを突然、自覚することから生じることが多いのです。

この突然の自覚は、先に五十代の初めに、エリートとしてステップアップしていった夫たちも同様です。

たしかに彼等は五十代の初め、部長から役員、専務、社長と上を目指してすすんだが故に、老いを実感する機会もなく、エリートコースを昇っていく。

まさに順風満帆、人生に怖いものなし、のように錯覚する人もいるようですが、老いだけは万人に着実に訪れてきます。

いかなエリートで、社長の座にまですすんだとしても、いつかその座から去らねばならぬときがきます。

だが困ったことに、高い地位にいればいるほど、老いを実感することは少ないのです。もちろん当人にも老いは訪れているのですが、地位がそれを隠し、権力がそれを助けて、自ら老いなどとは無縁のように思いこんでしまいます。

こういう人が一旦、地位を失ったとき、その喪失感は他の誰よりも強く、それ故に、急激に虚しさにとらわれ、体調を崩す人も少なくありません。

長年、社長として君臨し、ワンマンぶりを発揮した人なら、それなりに納得もできるでしょうが、その手前、六十歳をこえて役員などをしていた人が、突然辞めた場合、その虚脱感は、六十歳の定年で辞めた人以上に深いかもしれません。

こういう経緯を見てくると、どうせいつか知らねばならぬ老いならば、早めに気がついていたほうがショックも軽く、無難なことがわかってきます。そしてそのほうが早く大人になれることもたしかです。

往々にして、男たちは年齢のわりに幼く、子供じみたところがありますが、それはしかるべき年齢になっても老いを自覚していない。いわば、いつか見なければならないことから目を塞《ふさ》いでいる、その幼児性のなせるわざ、といえなくもありません。

妻の支え

年齢とともに老いるのは、夫も妻も同じです。そしていつか嫌でも、それに気づかねばならぬときがくるのです。

とくに、夫たちが共通に、いつか感じなければならない秋。

この秋をどのようにしてのりきるかによって、夫たちのその後の人生が変わってきます。

会社にも家族にも友人にも冷たく突き放されたとき、夫は急速に弱り、無口になり、やがてなんらかの病気にとりつかれて、死にいたることも少なくありません。老いてからの病気は、心の淋しさから起きるのが、ほとんどです。

もちろんそこまでゆかず、ただ精気を失い、いわゆる濡れ落ち葉のままとどまっている夫もいるでしょう。

また、なかにはさほどめげず、定年後もそれなりに明るく生きている夫もいるでしょう。

この場合、一般的にいえることは、いい意味で鈍く、あまり周りのことを気にせず、会社人間でもなく、マイペースで生きてきた人ほど、老いても元気でいる率は高いのです。

いずれにせよ、妻よりはるかに遅れて自らの秋に気がつき、愕然とする夫たちを救う最大の救護者は、妻しかいません。

夫が秋にぶつかったとき、妻がどのように励まし、支えるか、すべてはこの一点にかかっている、といってもいいでしょう。

この時期、妻が積極的に夫に近づき、二人でともに語らい、一緒にレストランに行ったり旅に出たり、二人の時間を増やせば増やすほど、夫は明るく元気を恢復《かいふく》していくでしょう。

逆に、給料をもってこなくなった夫はもはや不要とばかりに、妻が夫に冷たく接すれば接するほど、夫は内に籠り、自信を失い、体も弱まっていきます。

夫が定年を迎え、もっとも孤独になったとき、妻はどう夫に接するのか。それはすべて妻の手に委《ゆだ》ねられています。いいかえると、老後の夫を生かすも殺すも、妻の一存にかかっている、というわけです。

最後に、わたしの知人で初老期鬱病から立ち直った二人の例を紹介します。

一人は六十三歳の男性で、退職後、ほとんど家に引き籠ったまま、鬱病の薬を服《の》んでいました。ところがこの人の妻が突然、脳梗塞《こうそく》で倒れ、下肢が不自由になり介護が必要になりました。

まわりの人々は、ご主人が鬱病のうえ、奥さんが車椅子で大変だとおおいに同情したのですが、意外なことにこのときから、ご主人はしっかりと健気《けなげ》に奥さんの面倒を看《み》るようになり、それと同時に鬱病からも抜け出て、明るく元気になりました。いまはもちろん一日中、奥さんの介護に追われながら、夫婦仲も円満です。

このケースは奥さんの発病と、いまもっとも必要なのは夫の手助けという、自分が絶対的に必要とされている、という実感が、彼を鬱病から脱却させた、といっていいでしょう。

もう一例は六十五歳の男性のケースで、同様に鬱病でしたが、奥さんや子供たちに促されて、渋々ながら四国遍路の旅に出かけました。

初めのころは歩けないとか、疲れるなどといろいろ苦情が多かったようですが、三分の一くらいすすんでから徐々に元気になり、帰ってきたときには薬も服まなくてもいいようになり、鬱病から抜け出ることができました。

このケースは集団行動に引きずられながら、いままで忘れていた自然に接し、さらに信仰の世界に入ることにより、病気を克服した例、といっていいでしょう。

これらを見ても、鬱病だといって家に閉じ籠り、その状態に甘えているかぎり、治りにくいことがよくわかります。

第17章　定年という名の逆転劇

一般に、夫と妻との関係は、夫の定年を機に微妙に変わってきます。

それというのも、定年まで夫は外で働き、家に収入をもたらし、それで妻や子を養い、家のローンや教育費を払うという意味で、一家の大黒柱となっています。

この大黒柱とは、かつての古い家の中心に立っていた太い頑丈な柱のことで、一家や一国の中心人物のことをいうのです。

しかし定年とともに、夫は外に働きに出なくなり、収入をもってくることもなくなります。

もっとも、だから収入はゼロというわけではなく、夫が長年働いていたおかげで企業年金や厚生年金などが出ることもあるでしょうが、現実に月々働くという行為で収入を得ることはなくなります。

要するに、定年以降の夫は妻子を養う一家の大黒柱、というイメージからは急速に遠のき、家でなんとなく手もち無沙汰にしているお父さん、といった感じになってきます。

ここから、夫と妻との関係は徐々に変わってくるのです。

夫と妻が逆転

まず顕著に現れてくることは、家庭内での夫の地位が地盤沈下するのに反して、妻の地位が相対的に上がってくることです。これは一方が下がれば一方が上がる理で、ごく当然の結果ともいえます。

この傾向を具体的に見ると、まず夫が仕事に行かず、家にいる時間が多くなるのに反して、妻は外に出て、家にいる時間が少なくなっていきます。

もし、妻がパートなどを含めて外で働いている場合は、はっきり定年があるわけでなく、それだけ夫の定年後も働くケースが多くなってきます。さらに妻たちは以前からの女友達とのあいだでできた横のつながりが強く、夫の定年後も女同士で出かける機会は増えこそすれ、少なくなりません。

これに反して夫たちは、会社を辞めると途端に友達が激減します。とくに会社一筋で、人間関係も仕事につながった人たちとだけつき合っていた夫ほど、定年後は孤独になります。この場合、もちろん町内会や団地、マンション内などで、新しい人間関係をつくれないわけでもありませんが、多くの夫たちはいまさらそういうものには馴染めず、といって積極的に友達をつくっていく勇気もありません。

さらに夫たちにとって不利というか、困ったことは、男はもともと序列社会で育ち、終生、序列のことが頭にこびりついていることです。

実際、男は子供のときから、ガキ大将を頂点とした序列に組みこまれ、高校から大学まで、頭のいい順番、力の強い順番、女の子にもてる順番といったものを意識し、会社に入れば、社長以下、役員、部長、課長といった縦の序列のなかに組みこまれます。

要するに、心の芯《しん》まで序列感覚がしみついていて、それが定年になっても容易に消し去ることができません。

おかげで、町内会や団地内はもちろん、旅先で見知らぬ人と出会っても、さらにはゴルフ場や囲碁・将棋会所で初めての人と出会っても、必ず、相手はどこのどういう会社の、どういうポジションにいた人であるか、ということが気になるのです。

もちろん、自分がさる一流の上場会社の部長で定年を迎え、相手もしかるべき会社の部長を務めた人である、ということがわかれば、比較的スムーズに友達になっていけます。しかし、自分が部長で辞めたのに、相手が名もない会社のかなり低い地位にいた人だとわかると、途端に馴染もうとせず、友達になることもほとんどありません。

このように、夫たちは定年後も過去の地位やしていた仕事の内容にこだわり、序列を気にするため、新しい友達をつくるのが難しいのです。くわえて趣味や興味もばらばらで、定年以降、新たなことに関心を抱いたり、挑戦することもほとんどありません。

これに反して、妻たちは、序列や社会的地位にこだわることはほとんどなく、興味や関心があることが一致すれば、たちまち仲良くなることができます。たとえば、あるホテルのランチやある店のケーキが美味しくて安いとなると、たちまちそこに群がり、ランチやケーキの話だけで、すぐ仲良くなることができます。とくに美しくなること、ある化粧品がいいとか、あそこのエステがよく効くとか、どこかの美容院にハンサムで上手な美容師がいるときくと、たちまちそこにおしかけ、そこに来る客同士で友達になることができます。当然のことながらこの場合、相手の女性が、どこの大学を出て、どこの会社に勤めていたとか、お金のある夫人か否か、などということもあまり気にしません。

要するに、美しくなれるとか美味しく食べられるという、きわめて本能的な点で興味が一致すれば、たちまち仲良くなれるのです。

だが夫たちには、妻たちにとっての「美しくなる」のような共通項がないうえに、互いの前歴とかプライドなどが邪魔《とし》して、素直に仲良くなることができません。

こうして、妻の友人関係は年齢とともに広がっていくのに対して、夫の友人関係は定年後は急速に狭まり、自ら孤立化の道をすすむことになるのです。

濡れ落ち葉現象

妻が夫の定年後も明るく外に出て、さまざまな友達を増やすのに比べて、夫は家に籠《こも》りがちになり、孤独に陥りやすくなるにつれ、家庭内ではさまざまな変化が生じてきます。

まずその第一は、妻が外へ出かける度に、夫はその行先や目的が気にかかり、どこへ行って何時に帰るのか、妻に尋ねたくなります。

それというのも、夫は妻が不在のあいだは家で一人になり、食事はもちろん、お茶を淹《い》れて飲むこともままなりません。もちろん、自分で食事をつくったり、飲もうとしたらできないわけではありませんが、長年、妻にかしずかれることに馴染んできたために、たちまち行き詰まるのです。

くわえて、夫という男たちは一人でいることに慣れていないぶんだけ、孤独に弱いのです。妻が身近にいるときは、うるさいと思いながら、いざ完全にいないとなると、不便で淋しいのです。

このため、妻が出かけると知ると、夫は必ず妻に尋ねるようになります。

「どこへ行って、何時に帰るのだ?」と。

これに対して妻は、「二、三時間もすれば帰るわよ」ということになり、さらには、「早く帰ります」といいながら、かなり遅くなることも少なくありません。

これに対して、家でひたすら待っていた夫は、「どこで、いままでなにしていたんだ」と、こと細かくきいてきます。

皮肉なことにこの状態は、夫が定年になる前までは、妻が夫にきいていたことと同じです。

つい数年前までは、妻が出かける夫に対して、「夜はなにがあって、何時に帰るの?」ときいていたはずです。そしてその予定どおり帰らなかったときには、「どうしてこんなに遅いのよ」と、文句をいっていたはずです。

この夫婦の会話が、定年をきっかけに逆転するのです。

こうして、妻はかつて自分が夫にいったのと同じことをいう夫を、うるさいと思うか、愛しいと思うか、それはそれぞれの夫婦関係によってさまざまです。

ただ、うるさいなあと思う気持ちがときとともに高じていくと、いわゆる「濡れ落ち葉現象」となっていきます。

妻がなにかをしたり、どこかへ行く度に、夫のほうが気になり、どこへでも妻に従《つ》いて行こうとする。これが妻の側から見ると足手まといで、邪魔で仕方がない。ちょうど枯れた落ち葉が雨に打たれて、樹の根元や歩道にまとわりついているのに似ているところから、濡れ落ち葉と名づけられたものです。

こうなると、夫も恰好がつかないというか、いささか情けなくなってきますが、これも、かつて我儘《わがまま》勝手をした報い、といえなくもありません。

たとえそこまでいかなくても、総じて夫たちは定年を過ぎると急速に妻に近づき、寄り添ってくるタイプが多くなってきます。

この理由としていまひとつ考えられるのは、概して妻に比べて夫のほうが体力の弱りかたが早く、一人で生きにくくなるからです。

もともと結婚するに当たって、夫のほうが年齢が上のケースが多いうえに、平均寿命そのものが、女性のほうが男性のそれより七歳近く長くなっています。たとえば、夫が妻より三歳年上で結婚したとすると、これに平均寿命の七歳をくわえて、妻のほうが夫より十年近く、長く生き続けることになります。こう考えると、定年後も妻のほうが元気なのは当然で、逆にそのぶんだけ、夫は弱って頼りなくなります。

この年齢的なハンディキャップにくわえて、先に述べたように、夫は友達も少なく孤独なうえに、生活の面でも自立せず、淋しがりやです。

こういうさまざまな理由がくわわって、定年とともに、夫が妻に寄り添い、追いかけるようになる。これが定年後の一般的な夫婦のありかた、といってもいいでしょう。

妻の定年

ここでひとつ問題なのは、妻にも定年がある、ということです。

こういっても、少しわかりにくいかもしれないので、ある夫婦の例を紹介します。

このご夫婦はとくに仲が悪いわけでもないが、といってとくに仲がいいわけでもない。いいかえると、よくある一般的な夫婦ですが、この夫がある日、定年を迎えて妻につぶやきました。

「これで、毎日会社に行って、神経をすりへらす仕事からも解放されてほっとした。当分は暢《の》んびり気ままに過ごすことにするよ」

夫がそういうと、妻は黙ってきいていましたが、やがて数ケ月経って妻が夫に訴えました。

「あなたは定年になって、ほっとしたというけど、わたしにも定年をいただきたいわ」

しかし妻は専業主婦なので、夫が怪訝《けげん》な顔で、「でも、君はもともと仕事をしていないじゃないか」とき返しました。

すると妻が、「いいえ、わたしは家事という仕事を長年やってきて疲れました。このあたりで、あなたの面倒をみる、という仕事から解放されたいのです」といい返します。

平均寿命の推移

年次	男の年齢	女の年齢	年齢差
1947	50.06	53.96	3.90
1950〜1952	59.57	62.97	3.40
1955	63.60	67.75	4.15
1960	65.32	70.19	4.87
1965	67.74	72.92	5.18
1970	69.31	74.66	5.35
1975	71.73	76.89	5.16
1980	73.35	78.76	5.41
1985	74.78	80.48	5.70
1990	75.92	81.90	5.98
1995	76.38	82.85	6.47
1996	77.01	83.59	6.58
1997	77.19	83.82	6.63
1998	77.16	84.01	6.85
1999	77.10	83.99	6.89
2000	77.72	84.60	6.88
2001	78.07	84.93	6.86
2002	78.32	85.23	6.91
2003	78.36	85.33	6.97

厚生労働省「簡易生命表」による。1995年まで及び2000年は完全生命表による。

1970年以前は沖縄県を含まない。（2005年8月、内閣府「国民生活白書」）

「なになに……」と、夫は驚き呆れますが、よく考えてみると、妻のいい分もわからないわけでもありません。

もともと家事は大変な労働だといわれ、妻が別れるときにそれなりの慰謝料を貰《もら》うのは家事をかなりの労働と認めているからです。

その理屈でいうと、家事をおこなうということにも定年があり、妻が老いたら夫の面倒をみる仕事から解放されたい、という要求も、あながち不自然とはいえません。

もちろん、こういうことを要求する妻がまだ一部であることはたしかですが、多くの妻たちの心のなかに、この種の思いがないとはいいきれません。

それだけに、今後こういうことをいわれたとしても、夫たるもの愕然としないように、日頃から妻に優しくしておく必要がありそうです。

具体的にいうと、定年後、急に妻に馴《な》つくようにはせず、その五、六年前から馴つき癖をつけておく。さらには妻が外出したり旅行して一人になっても困らないよう、自分一人で食事をつくったり、外で食べる習慣をつけておく。さらに身の廻りのものも、どこにあるかきちんと覚えておき、あまり妻の手をわずらわせずに生きていけるよう自ら訓練をしておくことが必要です。そしてできることなら、定年になっても、自分の自由になるお小遣いを確保しておくこと。

そしてさらに理想をいえば、妻に冷たくされてもびくともしないよう、あらかじめ別の女性をつくっておくのがベストかもしれませんが、こんなことをしていては、定年前に追い出されるだけですから、やはり常日頃の、妻への優しい思いやりが必要、ということになりそうです。

もちろん妻のほうも、定年後の夫が濡れ落ち葉にならないよう気をつけるべきで、そのためには定年前から一緒に行動する機会をできるだけ多くつくることです。

つまり早くから妻とともに考え、行動することに馴らしておくことです。

ここで忘れてならないことは、濡れ落ち葉といっても、その実態は妻に甘え、頼ってくることとです。それを妻が、うるさいと考え、濡れ落ち葉と思うのは、定年後に突然、妻に近づきだすからです。そうではなく、定年前から妻に馴ついていれば、妻はそんなふうに思わないわけです。

夫を濡れ落ち葉にさせぬ法。それはもっと若いときから、濡れ落ち葉にさせておく。そのためには、早くから夫が妻に馴染むとともに、妻も極力夫と馴染み合う機会をつくる、そのことに尽きるように思われます。

いずれにせよ、定年になり、さらに老いるとともに、妻に徐々に反撃され、圧迫されてくるのが一般的な夫のたどる運命です。それだけに夫たるもの、この暗い未来が待っていることを忘れず、まだ若いうちから妻に馴染み、できるだけ時間を共有し、語り合う癖をつけておくべきです。

第18章　定年後をいかに生きるか

夫の定年後、夫と妻の立場が逆転し、なにかと夫が妻に頼り、妻に追従する傾向が強まることは、前章に記したとおりです。

これは、あるお元気なエルダーの女性がいっていたことですが、「夫は粗大ゴミだといわれているが、あれはまだ生きているから、粗大ナマゴミである」と。

しかしこのナマゴミの欠陥はリサイクルがきかないことで、いわゆる単純廃棄物にすぎないが、かつて働いたことはあるので、正しくは「産業廃棄物というべきである」というのです。

まことに辛辣《しんらつ》というか非情というか、むろん半ば冗談でもあるのですが、こういう妻たちといかに協調していくか、それがこの章のテーマです。

妻を追う夫

ここでまず考えられるのが、孤独になった夫の生きかたです。

これまで、夫は外で仕事をし、それに関わる多くの人々とつき合い、それが夫の生活のほとんどでした。

しかし定年後は仕事を失うとともに、仕事に関わる友達のほとんどを失い、孤独の世界におしやられます。

この時点から、夫は急速に妻に接近し、妻に頼るようになりますが、すべての妻が夫の求めに応じて仲良くするとはかぎりません。

数ある妻のなかには、これまで夫が家庭を顧みなかった分だけ、しっぺ返しのように夫を無視し、冷たく接する人もいるかもしれません。

たとえそこまでいかなくても、暇になって、常に家にいる夫に妻のほうが馴染めず、苛々《いらいら》したり、不満を抱くことも少なくありません。

こういう夫婦間のトラブルをなくすために、夫は定年前から妻に近づき、妻とよく話し合い、ときどきは一緒に出かけて食事などをして、仲良くしておくにこしたことはありません。

しかしそうしていたとしても、夫の定年後の状態は、それ以前には想像できず、なってから改めて、こういうものかと気付く場合がほとんどです。

たとえば、毎朝、あたふたと出かけて夜遅く帰ってきた夫が、定年後は朝から夜まで、一日中家にごろごろしている日が続きます。しかもこの間、三度の食事はもちろん、途中でお茶やコーヒーを求め、テレビも一緒に見て、なにかと妻に話しかけてきます。

要するに、一日中、ほとんど家にいなかった夫が、一日中、ほとんど家にいるようになるのですから、妻にとってこれほどの変化というか生活の上での革命はありません。

ここでまず問題になるのは、一緒にいる時間が長すぎることです。たとえ親子といえども、近づきすぎると争いが生じますが、それは恋人同士でも同じです。

ましてや長年一緒に暮らしてきてやや飽きている夫と妻が、朝から晩まで身近にいては、苛々が高じて喧嘩になるのは当然です。

これを防ぐにはどうすればいいのか。その最良の方法は、定年後といえども、夫と妻はほどほどの距離を保つにこしたことはありません。

具体的にいうと、夫は自分の趣味や関心のあるもの、たとえば釣りやゴルフや家庭菜園、日曜大工、さらにはカメラや囲碁将棋など、いろいろなことをはじめて、それらに熱中することです。

なんであれ、仕事以外に趣味をもつことで、それによって友人も増え、家にべったりいる時間を少なくしていけます。もちろん夫の趣味のいずれかに妻も興味をもてば、二人で楽しむことができるだけに、夫婦間は一層、円満になっていくでしょう。

しかしそれでも、総じて定年後の夫は仕事関係以外の見知らぬ男とは仲良くなりにくく、多少知り合ってもさほど話は弾まず、みなと集まって騒ぐのも苦手です。

このあたり、ともに食べたり話したりしながら、すぐ仲良くなれる妻たちとは、大きなハンディキャップを背負っています。

こうして、かなり社交的で性格の明るい夫でさえ、妻より家にいる時間が多くなりがちで、ましてや引っ込み思案で気難しい夫はさらに家にいる時間が長くなり、妻と摩擦がおきがちなのは避けられません。

では、こういう状態をどう改善していくか。

そこでまず必要なことは、これまでのように妻に執着することをあきらめ、妻の外出、たとえば買物から近所づきあい、さらには女同士の食事から小さな旅行まで、いちいち気にせず自由にさせてやることです。

要するに、妻がいなくても平気で、むしろ一人の時間が増えて気がせいせいする。そういう発想に頭を切り換え、一人になった時間を自分なりの楽しみで過ごせるように工夫することです。

しかし高齢になった夫がこのように変わるためには、まず妻がいなくても生きていける、一人で生活していく手段を身につけることが、必要になってきます。

夫の自立

一般に、夫に先だたれた妻は、じき元気になり、長生きするものですが、妻に先だたれた夫は急速に衰え、多くが妻の死後数年であとを追うように亡くなります。

この夫と妻の、一人になってからの生きていく強さの違いは、男と女の根本的な違いをよく表しています。

まず、男は女に比べて孤独に弱く、自立性に欠けています。

一見、男のほうが強いように思いこんでいる人もいるようですが、それは男の外見的な逞しさや猛々《たけだけ》しさだけを見ているからで、その裏に隠れている男の気の弱さを見逃しているからです。

それでも、若いときは若さで隠せますが、年齢《とし》とともに男の化けの皮が剝《は》がれてきて、男の弱さだけがきわだってきます。そしてこれがもっとも顕著に現れるのが定年後です。

これまで、夫は外で仕事をしているという理由から、家事をすることはほとんどありませんでした。おかげで炊事、洗濯、掃除、さらにゴミ捨てや集金の支払い、近所のつきあいといった細々としたことが、まったく苦手です。

しかしこの家事の苦手が、老いて一人になったときにストレートに響いてきます。もっと家事をしていたら、妻がいなくても困らなかったのに、ほとんどしていなかったため、すべてが面倒で億劫《おっくう》に思われて、やる気が失《う》せてしまいます。

要するに、生活面で自立していないわけで、これに生来の淋しがりやと、社交下手《べた》がくわわって、夫は急速に弱っていきます。

この場合、とくに弱りかたが激しいのは、夫に甲斐甲斐しく尽くす、いわゆるよき妻と暮らしていた夫たちです。こういう夫たちは、日頃からいたれり尽くせりの世話をやかれ、家事などほとんどしていなかったために、妻が亡くなると、たちまちお手上げになり、生きていく気力まで失います。

逆に、日頃から妻に冷たくされ、その分だけ自立して、自分で食事も炊事も洗濯もやってきた夫たちは、妻が亡くなっても意外にへこたれず、結構、元気でいるものです。

この皮肉な現実を見たら、夫によく尽くす良妻より、夫に冷たい悪妻のほうが、夫を自立させ、妻の死後も元気で生きていく力を身につけさせる、という意味では、プラスであることがわかってきます。

一般に、妻に先立たれた夫は、その後、急速に弱り、平均三年後に亡くなるといわれています。これに対して夫を先に失った妻は、その後はますます元気で、平均十五年間生きるといわれています。

この背景には、結婚年齢が妻のほうが低いということもありますが、三年と十五年と五倍もの開きがあるとは、いまさらのように女性の生命力を知らされます。

そして同時に、妻を失った夫のひ弱さを。

「だからわたしは、夫に冷たくしているのよ」と胸を張る悪妻もいるかもしれませんし、逆に「わたしが先に死んでも、夫がすぐあとを従《つ》いてくるように、優しくしているのよ」という夫に尽くす良妻もいるかもしれません。

いずれにせよ、夫が定年後も自立して元気で生きていくためには、早めに家事に馴染み、それが苦にならぬよう、訓練しておくことが必要です。

銀座の老人ホーム

定年後の生活をいかに充実させて、楽しく過ごすか。

この点について、最後に提言しておきたいのは、老人ホームを積極的に利用し、そこへ夫婦ともども入ることです。

こういうと、まだ元気で、子供たちもいるのに何故、と思う人も多いでしょうが、わたしがいう老人ホームは健常者のための、明るく素敵な老人ホームのことです。

日本ではまだ、老人ホームというと体の不自由なお年寄りや、老人性痴呆になって身寄りのない人が入るところ、と思っている人が多いのですが、アメリカなど外国では、健康な人のための、老人ホームが全国各地にできています。

この種の施設は日本でも少しずつ増えてきて、近い将来、各地に新老人ホームができることは間違いありません。

この種の老人ホームの利点は、まず安全であることです。定年になった老夫婦が一軒家にいると、家の掃除や庭の手入れが大変なうえに、いつ何者かに襲われても防ぎようがありません。

この点、新老人ホームならセキュリティーが完全なうえ、従業員がホテル並みのサービスをしてくれるので、安心していられます。

それでも、子供たち夫婦と一緒にいたいという人も多いでしょうが、高齢夫婦と若者夫婦とは、基本的に一緒にいるものではありません。

もともと高齢者と若者は、血液の流れから脈拍の数、そして身体のすべてが完全に異なる、別の生きものなのですから、近づいて一緒にいすぎては必ずトラブルがおき、喧嘩になるものです。

そういうのを避けるためにも、高齢者は若い子供たちとはほどよい距離を保ちながら、必要に応じて会うようにするべきです。

要するに、親子のあいだでもほどよい距離が必要だということです。

また新しい老人ホームは、同じような年代の人が多く、その人たちとさまざまな運動やゲーム、そしてカラオケまで楽しむ設備が整っています。さらに女性たちにはメイクやヘアサロンなどがあり、他に刺繡《ししゅう》、絵画、焼き物、俳句などの講座まであります。

それだけに、こういう施設にいると、定年後の孤独からも救われるし、みなと一緒に楽しんでいるうちに、いろいろやる気がでてきて若返ります。

とくにこの種の施設の好ましい点は、食事をつくる手間が省けて、しかも和食、洋食、中華と、自由に選べるようになっていて、妻たちが献立を考えたり、料理をつくる必要がないことです。

これなら、たとえ夫が妻から冷たくされても、ほとんど困ることはありません。この他、日常のさまざまなことも、その都度デイサービスを頼めば、すぐやってもらえるし、メディカルケアも充実していますから、体調が悪くなっても安心です。

要するに、医師つきの高級ホテルにいるようなものですが、さらに好ましいことは、働いている人たちが、みな介護や福祉の勉強をしているので、ホテルの従業員よりはるかに親切で、しかも明るく接してくれることです。

ここでこれらの施設への入居の条件ですが、年齢は夫婦いずれかが六十歳をこしていれば入ることができて、もちろん独身でもかまいません。

金額は施設の場所と部屋の大きさによって異なりますが、東京近郊、たとえば神奈川、埼玉などで2LDKくらいの部屋ですと、一人三千万円から五千万円くらいが相場です。もっとも、これは分譲マンションではなく、その部屋の居住権で、それさえ払えば、夫婦ともに亡くなるまで自由につかえます。他に毎月、管理費と食費が食べた量に応じて必要になりますが、夫婦で月、十五万円から二十万円くらいあれば充分かと思われます。

もちろん、これを高いと思う人も安いと思う人もいるでしょうが、この値段設定により、ほぼ同じような経済状態の人が入ることになり、それだけみなと親しみ易くなる利点もあります。

以上、新しい老人ホームの概要を説明しましたが、今後、この種の施設は都市部に、とくに街の中心部に建てられるようになると思われます。

それというのも、高齢者にとって必要なのはいい意味での刺激で、近くに素敵なレストランや喫茶店、さらにはお洒落《しゃれ》なブティックや映画館、劇場などがあれば、夫婦ともども、あるいは入居者同士相思相愛のカップルで、出かけることも簡単で、頭も若返ります。

わたしは二〇〇三年の六月末に、『エ・アロール』という小説を刊行しましたが、これはまさしく、こうした健常者のお洒落な施設内でくり広げられる、華麗でお洒落な、高齢者の青春群像を描いたものです。

小説のなかの老人ホームの場所は銀座です。それを知った読者は、「銀座に老人ホーム？」と驚かれる方も多いようですが、現に近く築地《つきじ》にできる予定があるのですから、満更、夢ともいえません。

このように、便利で賑やかな街の中心部にこんなお洒落な施設ができたら、定年となって暇になるのも悪くはない。これから先にもう一度、華やかな青春が訪れることは間違いありません。

いずれにせよ、夫は意外に弱い生きものです。若いときこそ、仕事に熱中したり、徹夜で遊び歩いたり、いろいろ無理をしても元気ですが、五十歳をこえたあたりから、心身ともに弱ってきます。

それは現在、男の平均寿命が女のそれと比べて七年短いことからも明らかです。外見の堅固さに似ず、内面はひ弱で、神経質で肉体的にも脆《もろ》いのです。年齢をとって短気になったり、頑固になり、怒り易くなるのは、それだけ我慢する力がなくなったからで、心身ともに弱った証拠です。

それだけに妻たるもの、夫が短気になってすぐ怒鳴るからといって、単純に反発するのは考えものです。

それより、頑固ですぐかっとなる夫を見たら、「ああ、この人も弱っているのだ、先はあまり長くはないかも」と思って優しくしてあげてほしいものです。

第19章　一夫一婦制はどうなるか

このエッセイもこの章で終わりになりますが、最後に、一人の男性を夫という立場に立たしめている、一夫一婦制について考えてみたいと思います。

平等主義の問題点

いうまでもなく一夫一婦制は、現在、欧米や日本、アジアなど、世界の多くの国々で広く認められ、採用されている制度です。

むろん、イスラム圏などでは、一夫多妻制が認められ、その他、母系社会を基盤とした一妻多夫や夜這《よば》い婚のようなものがおこなわれているところも、ないわけではありません。

このような状況の下で、現在、世界にいるほとんどの男女は、しかるべき年齢《とし》になれば一人の異性を愛し、結婚することが当然、と考えています。

要するに、一夫一婦制なるものについて疑問を抱いたり、不満をもっている人はほとんどいないと思われます。

しかしだからといって、この制度が現在の婚姻制度としてベストか否か、となると、それなりに問題があることもたしかです。

要するに最大公約数的にはベストとしても、制度自体に多少ヒビ割れが生じ、一部、時代や人間性に合わなくなってきていることも事実です。

そこでまず、この制度の本質を具体的に考えてみることにしますが、真っ先に気がつくことは、一夫一婦制はきわめて平等で、民主主義的な制度だということです。

こう書くと、みな、それは素晴らしい、結構なことだ、と思うに違いありません。実際、平等主義、民主主義は、近代先進国が掲げてきた共通の理念です。

しかしそれはあくまで基本的人権や参政権といった点での平等で、現実の生活やそのありかたは平等にはほど遠く、多彩で変化に富んでいます。

まず生活の基盤となる個人の能力についても、実際はさまざまで、まさにピンからキリまであります。

一人の男性をとってみても、優秀で向学心に満ち、肉体的にも健康でハンサムで活力に満ちて、すべてに前向きで意欲的な人がいるかわりに、愚鈍で怠け癖が身につき、体もひ弱で万事にやる気がなく、すべて人に頼るだけの人もいます。

同様に女性でも、よい家庭に恵まれて頭もよく、性格も明るく爽《さわ》やかで、顔もスタイルも優れて、みなに愛される人もいます。逆に容姿が優れず、性格的にも暗く、常にひがんで、人をおとしめることだけを考えている人もいます。

個々の能力や容色にこれほど違いがあるにも拘《かかわ》らず、一組の男女が結婚する場合は一対一の、いわゆる一人の男性に一人の女性、という組み合わせしか認められていません。

これこそまさしく見事な平等主義ですが、個々の能力という点から考えると、いささか理屈に合わないというか、不自然な制度といえなくもありません。

現在、すべての先進国で認められている資本主義社会では、富める者は貧しい者より、広くて立派な家に住み、高価でお洒落な衣類を着て、豪華で美味しい食事をしているのに、どうして結婚においてだけは一対一で、それ以上の贅沢は認められていないのか。

これでは、悪《あ》しき平等ではないか、という意見もないわけではありません。そしてこのことから、本当に能力があり、包容力がある男性なら、一人といわず、複数の妻をもっていてもいいという、イスラムの教えのほうが自然である、と考えている人もいます。

実際、動物の世界では、力のある雄が多くの雌を従え、力のない雄は生涯、一頭の雌に触れることもなく終わることも少なくありません。また雌自体も雄同士を戦わせ、その結果、勝ったほうになびき、本能的に強い雄の遺伝子を自分の子に残そうとします。

むろん人間の社会を、動物と同じに考えるのは行きすぎですが、すべての男がすべての女と、常に一対一の組み合わせしか認めないのでは、あまりに建前にこだわりすぎた単純すぎる制度、といわれても仕方がありません。

もっとも現実には、能力のある男性は、それなりに素敵な女性と一緒になり、能力のない男性は、さほど素敵でもない女性と一緒になる、いわゆる似合いのカップルができあがることで、数を質でカバーしている、ともいえます。

こうしたことからかなり皮肉な見方として、一夫一婦制は、もてない弱い男を救済するための制度である、という意見がでてきます。

これを具体的に説明すると、すべての男性が一人の女性としか結婚できないという現状では、当然のことながら、いわゆる駄目な男もしかるべき女性が当たり、結婚できることになります。

もっとも、最近は、女性のすべてが必ずしも結婚を望んでいるわけでなく、なかには駄目な男より、優れた男性の愛人なり、第二、第三夫人になるほうが好ましい、と思っている女性もいないわけではありません。さらに、自分の理想とする男性が見つからぬかぎり結婚しない、という女性も増えてきて、東京のような都会では、すでに三割近くに達しているといわれています。結果として結婚できない男性も増えているわけで、理想の女性が見つからず独身のまま過ごす男性も少なくありません。

これらはある意味で、常に一対一の組み合わせしか認めない一夫一婦制の問題点で、この制度がかなりのダメ男を救ってきたことはたしかです。

とくに頭の古い地方では、女性が結婚しないでいるとさまざまな精神的圧迫を受けるため、やむなく結婚に踏み切り、おかげでかなりのダメ男も結婚できる確率はきわめて高く、その意味で、ダメ男の救済策としては有効な制度である、というわけです。

馴染みとエロス

一夫一婦制の問題点として、いまひとつ考えられるのは、馴染みとエロスの関係です。

これをもう少し具体的にいうと、夫婦は結婚するとともに同じ家に住み、ともに一緒にいる時間が急速に増えてきます。要するに、互いに馴染み合うわけですが、これが一方では、エロスを減退させる原因ともなります。

このことは、「夫の浮気」の章でも触れましたが、男と女、両者を比べた場合、女に比べて男のほうがはるかに外に目が向き、浮気をするケースが多いことは事実です。

むろん男でも、個人によって多少違いはありますが、総じて女より男のほうが浮気性で、それは人間にかぎらず、動物の雄と雌においても同様です。

では、なぜ雄は浮気するか、そのことについて要点だけ記すと、男の性的リビドー（欲求）は馴染むとともに失われてゆくからです。

夫が妻と馴染み、妻といる状態に安心し、妻を信頼していくにつれて、妻への性的欲求や衝動は徐々に低下していきます。

いいかえると、妻に馴染むことと性的欲求とは反比例の関係にあるのです。

「なぜ？」といわれても、そういうものだ、としか答えようがありません。

とにかく、男の性的好奇心は常に新しいもの、未知なるものへ熱く燃え、積極的で挑戦的です。これに対して妻の性的欲求は夫に馴染み、信頼するとともに強まり、快感も深まります。しかし多くの夫は妻に対して時とともに性的興味が薄れて性行為をする気力が失せていきます。さらに日常生活がくり返される家庭では、ロマンチックな雰囲気に欠け、性的関係を結ぶ気になれない、という男性も少なくありません。

とくに問題なのは、ここから一歩すすんで、妻が妊娠して母となるとともに、妻への欲求が一段と薄れてゆくことです。

子供が生まれるとともに、妻をママと呼ぶようになり、自分もパパと呼ばれ、妻とともにしっかり子供を育てていこうと思えば思うほど、妻と接する回数は減ってきます。

実際、子供が生まれた夫婦のあいだでの性的関係はかなり減り、夫との関係は週に一回どころか、月に一回、さらには年に数回しかないと、訴えている中年の妻も珍しくありません。

では、一夫一婦制の下での夫婦の利点はどこにあるのでしょうか。

そこではっきりわかってくることは、この制度は子供を産み、育てるためにはきわめて好ましいシステムである、ということです。さらに国民を統治する為政者や国家という視点から見ると、国民の実態をとらえて把握するうえで、きわめて好都合な制度である、といってもいいでしょう。そしてその分だけ、夫婦間のエロスをかきたて、燃えあがらせるには、いささか不都合な制度である、ということにもなります。

いいかえると、夫婦は子育てし、子供を残すという行為と引き替えに、互いのエロスを犠牲にしているわけです。しかし同時に、一夫一婦制は、馴染み合った夫婦が子供を産み、育てていくうえでは、きわめて有効な制度です。

たとえ動物でも、子を産み独り立ちするまでは育てても、成人したあとも家族のなかにとどめ、愛して守り合うのは、人間社会だけがおこなっている美徳です。

とくに子育ての負担を直接負わねばならない妻にとっては、一夫一婦制こそ安心できる制度です。

むろんその代償として夫婦のエロスが失われたとしても、家族をつくり、それを盛り上げ、団結していく。そうした家族愛という点から見たら、理想的な制度といってもいいでしょう。

さまざまな結婚の形

それでは馴染みとエロスと、この両立しない関係を、どう折り合いをつけ、夫婦で融和していくか。ここから先がこれからの一夫一婦制の問題として考えなければならない、もっとも重要なポイントです。

まず、初めにあげた、一夫一婦制につきまとう、数のうえでの平等性ですが、これはそう容易に改められるとは思えません。

たとえ、優秀な種の保存のため、という動物社会の論理をもちだしたとしても、一夫多妻を認めることには、ほとんどの女性が反対するでしょうし、男性も多くの妻をもつことは経済的にはもちろん、精神的にもかなりの負担で、それを実行する気になるのは、ごくごく一部の人にかぎられると思われます。

実際、イスラム社会においても、一夫多妻は男性側の責任が大きすぎて、そんな面倒なことは避けたい、と考えている男が大半です。

それより現実的なのは、一人の有力な男性の愛人として、充分の愛を受けながら子供もつくる、いわゆる未婚の母になることで、こうしたケースは古い倫理観が薄れるとともに容易になりつつあります。

実際、このような愛の形は、自分の好みの、優れた男性の種を自分の子供に引き継ぐという考えからも、馴染みによるエロスのマンネリ化から抜け出すという意味でも、かなり有効な方法で、これからさらに増えるかと思われますが、いわゆる社会常識に反することだけに、実行するにはかなりの勇気を必要とします。

しかし女性に生活力があり、かつ相手の男性を圧倒的に愛している場合であれば、これもひとつの有力な選択肢であることはたしかです。

問題は、それほどの勇気や決断力はないまま、現在の夫と暮らしながら日常の生活のなかに埋没し、エロスやロマンチックな雰囲気を失いつつある妻たち。その人たちが現在の惰性的な夫婦関係をいかに打破していくか。

これを改める方法は、いうまでもなく、好ましくない結果をもたらす原因を取り除くことで、そのためには馴染みすぎている夫婦の関係を、若々しく新鮮なものに変えていくことしかなさそうです。

要するに、夫婦の間でいい意味での緊張感をもち、互いに恋しさや愛しさをかきたてるようにすることで、その具体的な方法としては次のようなものが考えられます。

まず、日常、常に一緒にいることが新鮮さを失わせた原因なのですから、子育てに支障がないかぎりにおいて、夫婦は外に出てさまざまな場所や人と接するようにする。たとえば、ともに外で食事をしたり、さらには、さまざまな夫婦が来ているパーティーなどに出てみることもいいでしょう。

いずれにせよ、外に出て他の夫婦と接すれば、それだけ緊張感が増し、自らを省みる機会も増えます。さらには夫婦いずれかが浮気する可能性も増すだけに、それが刺激となって、新たなエロスをかきたてることもあるでしょう。

ここからさらに一歩すすめて、エロスの高揚に効果的なのは、夫婦の間の距離を少しあけることです。

近づきすぎたことがエロスを失わせたのですから、夫婦とはいえ、少し離れて住んで週末だけ会うとか、別々に生活して互いに会いたいときだけ会うようにする。

こういうと、別居のように思われるかもしれませんが、日本では平安時代から通い婚という制度があり、男女ともかなり自由に自分の時間を楽しんでいた時期もあるのです。

もちろんこうした形は現在ではかなり難しく、地方では両親や周りの人たちが許さないとか、都会でも、別れて住むと経済的負担が多くて無理、さらには浮気の原因になると、心配する人も多いでしょう。

しかし、女性の自立とともに、今後この種の週末婚や別居婚といった結婚形態が増えることは間違いありません。

実際、夫婦とも働いている場合には、必ずしも夫の任地に妻が従《つ》いて行くことができず、別居婚を余儀なくされている夫婦も多く、わたしが知っているだけでも三例あります。一例は東京と大阪、一例は東京と福岡、そしてもう一例は東京とニューヨークです。この最初の例は週末には夫のほうが大阪から帰ってくるので、週末婚といってもいいでしょう。

東京とニューヨークと離れているケースは、子供の教育の問題もあるのですが、妻がマスコミ関係の仕事をしていて、東京を離れられないのです。

日本人の活躍の場が広がるにつれて、この種の夫婦は今後ますます増えると思われます。

さらに、結婚しても籍を入れない、いわゆる自由婚で、その不安定な分だけ夫婦間は新鮮で、ある種の緊張感を保ちながら、二人の時間を楽しむこともできそうです。この自由婚の夫婦もすでに二例知っていて、ともに夫婦仲はよさそうです。

また、同棲のまま互いを拘束せず、もしどちらかに好きな人ができたら別れる、べたつかない同棲婚もありうるでしょう。

さらには、自分の意のままに結婚と離婚をくり返すケースで、こういう男女はアメリカではかなり多く見られます。むろんこのためには、離婚をバツイチとマイナスに見る日本的視野の狭さではなかなか通用しません。それでも徐々に増えていることはたしかです。

こうして、これからは別居婚、週末婚、通い婚、自由婚、同棲婚、そして未婚の母と、これまでの一夫一婦制にとらわれない結婚の形が徐々に増えてきて、それ自体バラついてくると思われます。

こうなると、いまいわれている、三十代で結婚しないのは負け犬的な考えかた、女は結婚して子供さえ産めば勝ち犬的な、単純で女の能力をまったく無視した発想も消滅していくでしょう。

実際、早めに結婚して子供をかかえ、性格の合わぬ夫に失望し、といっていまさら仕事にも復帰できず、泣いている主婦はかなりいるはずです。この人たちは、まさしく負け犬で、だからこそ本当のことをいうと傷つきすぎるので、いわないだけかもしれません。

それはともかく、現在多くの人たちのあいだで認められている一夫一婦制はゆっくりと崩壊していき、かわりに各自それぞれに見合った男女関係を自由に選択するようになるというのが、わたしの予測です。

そして今世紀の半ばごろには、「二十一世紀の初めのころって、一夫一婦制とかという制度に縛られて、みな一人の夫と一人の妻に退屈しながら、一生を終えていたんだって」などと同情まじりに語られるようになるかもしれません。

もちろん、数ある夫婦のなかには、現在で充分満足で幸せ、という人もいるでしょうし、逆に大いなる不満を抱いている人もいるでしょう。

いずれにせよ、いまの一夫一婦制が決してベストなものではなく、それなりにさまざまな問題を含み、近い将来、大きく変わる可能性があることはたしかで、ときにさまざまな未来を想像しながら、改めて自分たち夫婦のありかたを考えてみるのも必要かもしれません。

文庫版あとがき

本書が刊行された二〇〇四年三月から、今回の文庫化まで、二年以上の歳月が経っている。

この間、人口の高齢化がすすみ、熟年離婚が増え、いわゆる団塊の世代が今後続々と定年を迎えることになる。

これとともに、夫と妻の関係も徐々に変化し、夫婦のありかたも急速に変わりつつある。

こういうときに、改めて「夫というもの」を刊行することは、それなりに意味のあることかもしれない。

とにかく夫とは、表面の自信あり気な、偉そうな態度のわりに、曖昧《あいまい》で気が弱く、甘えん坊の生きものである。

それを夫たちのほとんどは素直に口に出せず黙りこんでいる。そんな夫を理解するためにこの本を読み、夫婦で話し合うきっかけになれば幸いである。

なお、本文中の資料で古くなったものは一部削除し、新しいものに改変しました。

二〇〇六年六月
著者

集英社文庫
夫《おっと》というもの

2006年7月25日　第1刷
2007年3月25日　第5刷

定価はカバーに表示してあります。

著　者　渡《わた》辺《なべ》淳《じゅん》一《いち》
発行者　加藤　潤
発行所　株式会社　集英社
東京都千代田区一ツ橋2—5—10
〒101-8050
(3230) 6095（編　集）
電話　03 (3230) 6393（販　売）
(3230) 6080（読者係）
印　刷　大日本印刷株式会社
製　本　大日本印刷株式会社

ISBN4-08-746056-8 C0195